Witold Gombrowicz

Das Drama
mit unserer Erotik

Aus dem Spanischen von
Gisbert Haefs

Mit einem Nachwort von
Olaf Kühl

Kampa

Die vorliegenden Texte erschienen im spanischen Original zwischen dem 18.10.1944 und dem 21.2.1945 als Artikelserie unter dem Titel *Nuestro drama erótico* in der Zeitschrift *Viva cien años*, Buenos Aires. Witold Gombrowicz zeichnete mit dem Pseudonym Jorge Alejandro.
Auf Deutsch erschien *Das Drama mit unserer Erotik* erstmals 1991 in: Witold Gombrowicz, *Argentinische Streifzüge und andere Schriften*, Carl Hanser Verlag, München.
»Frauen, die allein durch die Straßen eilen« erscheint in der vorliegenden Ausgabe zum ersten Mal auf Deutsch.

Der Kampa Verlag wird in der Schweiz vom Bundesamt für Kultur mit einem Strukturbeitrag für die Jahre 2021–2024 unterstützt.

Für die deutschsprachige Ausgabe
Copyright © 2022 by Kampa Verlag AG, Zürich
www.kampaverlag.ch
Covergestaltung: Lara Flues, Kampa Verlag
Covermotiv: © Noma Bar / Dutch Uncle: *Fatal Attraction*
Satz: Tristan Walkhoefer, Leipzig
Gesetzt aus der Stempel Garamond LT / 220120
Druck und Bindung: Friedrich Pustet, Regensburg
Auch als E-Book erhältlich
ISBN 978 3 311 101130

Inhalt

I

Frauen, die allein durch die Straßen eilen

Wenn man nach Argentinien zurückkommt, nachdem man viele Jahre (ganze Jahrzehnte) im Ausland gelebt hat, staunt man über den allgemeinen Fortschritt des Landes. Diese Badewannen! Diese Kühlschränke! Was für eine Entwicklung, welcher Reichtum, wie viel angenehmer die Leute und wie viel zivilisierter die Umgangsformen! Solch ein ruhiges und gutes Land, anständig und glücklich, ein sehr sanftmütiges Land … Und dennoch gibt es etwas, das schockiert und sogar den Eindruck von Grausamkeit macht: Es sind die verschiedensten Aspekte des erotischen Lebens von Buenos Aires, die man auf den Straßen der Hauptstadt beobachten kann.

Die Señoritas und Señoras gehen auf den Straßen der Hauptstadt, den Blick ins Leere gerichtet, und getrauen sich nicht, Männer auch nur anzusehen. Sie dürfen die Männer nicht ansehen, denn solch ein Blick würde fehlgedeutet. Auf den neu Angekommenen hat dieses Fehlen weiblicher Blicke eine erhebliche Wirkung. Die Straße scheint blind zu sein.

Die Männer dagegen betrachten die Frauen ... und verschlingen sie mit Blicken. Wenn man ein Café in Begleitung einer Dame betritt, drehen sich zwanzig Köpfe um, und zwanzig Augenpaare richten sich auf das arme Opfer. Und wenn diese Frau abends allein heimgeht, muss sie sehr schnell gehen – ach, diese Frauen, die allein durch die Nacht eilen, als würden sie verfolgt!

Hier gibt es noch immer diese »Familiensalons« in den Cafés, und man frönt immer noch der Manie, Frauen Komplimente nachzurufen.

Anschein und Wirklichkeit

Man kommt sehr schnell zu dem Schluss, dass es sich nicht nur um den reinen Anschein handelt, sondern dass tatsächlich alle von ihrem erotischen Leben zutiefst unbefriedigt und sogar verbittert sind. Das Zusammenleben von Mann und Frau in Südamerika ist ohne Zweifel sehr viel schlechter, als es sein könnte, und das hat Auswirkungen auf das gesamte Leben des Kontinents. Es ist erstaunlich, wie viele schlechte Ehen es gibt, verglichen mit Europa, und wenn man bedenkt, dass das Menschenmaterial hier unter verschiedenen Aspekten besser ist als das europäische, und dass es dem Mann wie der Frau hier keineswegs an Intelligenz, Güte, Anstand und Ehrlichkeit mangelt, wirkt diese tiefgehende dumpfe Zwietracht der Geschlechter unbegreiflich und sogar artifiziell. Man muss es so sagen: In Argentinien, wo es alle Voraussetzungen für ein glückliches, gesundes Leben gibt, ist fast niemand glücklich, weil hier die Frau den Mann nicht glücklich macht und umgekehrt. Und die argentinische Melancholie kommt nicht aus der Pampa, sondern ganz einfach aus einem Erotismus, der in anachronistischen und ungesunden, allzu primitiven Formen befangen ist. Jedes Land hat seinen Krieg; hier ist es kein Krieg gegen politische Gegner, sondern ein düsterer, unerbittlicher Geschlechterkrieg.

Das Interessanteste an diesem Krieg ist, dass er fast keine Öffentlichkeit hat. In der Presse und in der Literatur fände man nur mit Mühe diese Lage der Dinge gespiegelt, die sich zu einem allgemeinen Unbehagen entwickelt. Presse und Literatur behandeln dieses Thema auf zweierlei Arten, die, offen gesagt, beide nicht überzeugen. Einerseits haben wir die herkömmliche Rhetorik, geschwollen und ehrenwert, aber recht monoton, und andererseits einen eher lockeren Tonfall, der manchmal übertrieben kindisch wirkt. In der für Frauen geschriebenen Literatur herrschen billigste Sentimentalität, unerträgliches Pathos, verblüffender Konventionalismus, und es scheint, als seien die Autoren fest davon überzeugt, dass es »mit den Frauen nicht anders geht«. Muss also alles, was man zur oder über die Frau sagt, zwangsläufig in routiniertem Bombast oder im Billigsten, Trivialen und Konventionellen untergehen? Aber dieser Mangel an echter Ernsthaftigkeit bei einer Frage von grundlegender Bedeutung kann niemanden zufriedenstellen, keinen Geistlichen, keinen Konservativen, auch keinen Linken und schließlich keinen Bürger, der ganz einfach glücklich sein möchte. Und was man öffentlich schreibt, unterscheidet sich sehr von dem, was privat gesagt wird.

Was privat gesagt wird

Privat beklagen sich alle. Besonders die Frauen klagen, denn in der Feinheit und Tiefe ihrer Empfindungen sind sie am stärksten betroffen durch diesen Abgrund – geistig und sozial –, der hier die Geschlechter trennt. Der Geschlechterkampf ist unausweichlich, und sicherlich vertritt die Frau in diesem Kampf die Interessen der Gesellschaft. Bei ihr, die ein Heim schaffen und Mutter sein will, sind die Wünsche unendlich viel ernster, ihre Verantwortung ist größer, und das muss respektiert werden. Aber am wichtigsten ist, dass dieser Kampf nicht nur und ausschließlich zum Kampf wird, denn dann beginnt die morbideste geschlechtliche Einsamkeit! Wenn eine Frau nur davon träumt, einen Gatten zu gewinnen, und der Mann allein davon, eine Mätresse zu erobern, muss man doch vor Langeweile sterben!

Offensichtlich sollte der ganze soziale Mechanismus den Mann dazu verpflichten, zu heiraten und ein Heim zu gründen, und nichts ist heilsamer, als dass die Gesellschaft und die Frauen den unseligen Junggesellen dazu verdammen, permanent unbefriedigt zu sein – ein Zustand, dem nur die Ehe abhelfen kann. Wenn aber dieser Mechanismus allzu rigide, allzu mechanisch wird, leidet als Erste die Frau. Über das perfekte Zusammenleben zwischen einem einzelnen Mann und einer einzelnen Frau in der Ehe hinaus gibt es auch das tägliche soziale Zusammenleben aller Männer und aller Frauen, und dieses allgemeine Zusammenleben ist für die Gesellschaft nicht weniger wichtig. Aber in den Gesellschaften Südamerikas verbirgt man die Frau, was sie zur Gefangenen und zum Preis macht. Hier haben wir das ewige Mädchen, die »Kleine«, die vom gesellschaftlichen Leben, vom geistigen und nationalen Leben ausgeschlossen wird, in ihrer ganzen Persönlichkeit gelähmt, zu ewigem Warten verdammt.

Die Jugend

Beim Gespräch mit mehreren jüngeren Leuten stellte ich fest, dass die hiesigen sich sehr von ihren europäischen Geschwistern unterscheiden. Weniger Lebensfreude, Vitalität und Begeisterung. Sie wirken wie erloschen; ruhig und wohlerzogen, ausgeglichen, aber erloschen.

Was ihnen fehlt, ist der Zauber, der Funke, der zwischen einem Jungen und einem Mädchen entsteht, wenn es in diesem Zusammenleben mehr gibt als rudimentäre physische Wünsche. Diese jungen Leute wissen, dass sie ihre Jugend vergeuden, und das erfüllt sie mit Bitterkeit, schränkt sie in ihrer ganzen geistigen Entwicklung ein. Sie leben isoliert. Die südamerikanische Jugend ist ohne Zweifel weniger »romantisch« als die europäische, und es geht ein gewaltiger Schatz an Enthusiasmus verloren in dieser trüben Isolierung, die zwar ebenfalls erregt, aber zum Laster.

Ein Überblick

Das Gesamtpanorama von Argentiniens erotischem Leben ist, wie wir sehen, ziemlich dramatisch. Eben dieses Übermaß an düsteren Tönen reizt zum Optimismus, denn all dies liegt bereits weit unter den Bedürfnissen und Möglichkeiten des durchschnittlichen Amerikaners, der unendlich viel reifer ist als seine Gepflogenheiten. Ein Abgrund aus Furcht, aus Misstrauen erlaubt es den Leuten nicht, ein erträgliches Maß an Natürlichkeit und Ausgewogenheit zu finden; der Mann könnte sich der Frau durchaus viel freundschaftlicher und brüderlicher nähern, aber die Frau fürchtet sich vor ihm; und dieses verbissene, blinde Misstrauen der Frau verletzt den Mann und erweckt seine schlimmsten Instinkte. Die Frau, viel intelligenter, als es scheint, könnte durchaus einen heilsamen Einfluss auf den Mann ausüben, aber der Mann behandelt sie wie ein kleines Mädchen, möchte, dass sie ein kleines Mädchen ist … und das arme Mädchen, die nette »Kleine«, schrumpft auf ihren hohen unbequemen Absätzen. Der Mann verwildert, die Frau schrumpft: Dies sind die Protagonisten von Südamerikas erotischem Drama.

Über dieses Thema habe ich mit einem Freund gesprochen, dem Schriftsteller R., und ich möchte das Gespräch wiedergeben.

Ich: Warum versuchen Presse und Literatur nicht, die Argentinier umzuerziehen, was ihre gegengeitigen Beziehungen angeht?

Er: Bilden Sie sich nicht ein, dass man da viel tun kann. Sie haben lange im Ausland gelebt und dadurch das Empfinden für unsere Realität verloren. Wir sind eben so, und es wäre albern und gefährlich, hier europäische Sitten einführen zu wollen.

Ich: Ich bin weit entfernt davon, Sitten einführen zu wollen, geschweige denn nordamerikanische »Freizügigkeit«. Nein, keineswegs! Es geht nicht darum, Gewohnheiten zu ändern!

Er: Sondern worum?

Ich: Das ist meine Diagnose: Ich glaube, dass all diese Übel, von denen wir geredet haben, sich vor allem aus einem gewissen Anachronismus der Phantasie ergeben. Der Mann ist daran gewöhnt, sich die Frau auf eine bestimmte Weise vorzustellen, bei ihr bestimmte Werte zu suchen und andere nicht. Die Frau versucht natürlich, diese Wünsche des Mannes zu erfüllen, und ebenso verfährt der Mann mit der Frau. Es ist aber doch so, dass unsere Phantasie oft von allerlei Atavismen behindert und gelähmt wird, von geistigen Gewohnheiten, von überkommenen Einstellungen; sie ist sozusagen antiquierter als wir selbst.

Die Quelle von Argentiniens erotischem Drama ist genau dies: Die Vorstellung des Mannes von der Frau ist viel zu beengt, einfältig, anachronistisch – und umgekehrt auch. Aber die argentinische Phantasie ist nicht nur zurückgeblieben, sondern leidet auch unter gewissen Komplexen, was leicht zu begreifen ist, wenn man dieses künstliche, angespannte Verhältnis zwischen den Geschlechtern bedenkt. Jedenfalls ist eines gewiss: Wir alle müssen eine große Anstrengung unternehmen, um unsere erotische Phantasie und vor allem Mythologie von Grund auf zu revidieren.

Er: Das kommt mir wie eine sehr undankbare Aufgabe vor ...

Ich: Im Gegenteil; und ich will Ihnen sagen, warum ich so große Hoffnungen hege. Ich habe nämlich in mehreren Ländern an einer solchen kollektiven Bemühung um Erneuerung und Umerziehung teilgenommen und festgestellt, dass nichts nötiger ist und nichts bereitwilliger angenommen wird. Wenn im Grunde alle den Anachronismus der eigenen Mythen, Geschmäcke, Wünsche, Vorstellungen empfinden, genügt es, diese allgemeine Unzufriedenheit zu formulieren, damit das ganze lähmende und lästige System zusammenbricht.

2

Sollten wir vielleicht ein Ministerium
für Erotische Angelegenheiten einrichten?

Wenn doch alle sich beklagen und alle unzufrieden sind, warum bekundet dann der größte Teil der öffentlichen Meinung Südamerikas eine derartige Passivität gegenüber jeglicher Reform all der kleinen und großen Schwierigkeiten der erotischen Koexistenz? Was sind die Ursachen für dieses konservative traditionalistische Beharren, das die schlecht ausgearbeiteten, unangebrachten Reformen ebenso blindlings verwirft wie die guten, notwendigen und unausweichlichen? Im Grunde seines Herzens ist der Südamerikaner sehr romantisch: Er will sich nicht um das chronische Alltagsunbehagen der Leute sorgen, denn »wenn die wahre Liebe kommt, wird all das bedeutungslos«.

Er stellt die Liebe der Erotik gegenüber, also diesem großen Spiel von Instinkten und Passionen zwischen Frauen und Männern, die einander nicht lieben, sondern anziehen. Nur die Liebe kann den Konflikt der beiden Geschlechter auflösen; deshalb lohnt es sich nicht, zu viele Gedanken an die unvermeidlichen Leiden jener zu verschwenden, die nicht lieben konnten. Und je mehr sie leiden, desto besser.

Der Einfluss der spanischen Mentalität – streng, grandios, romantisch, extremistisch – ist in diesem Glaubensbekenntnis für die Liebe zu spüren. Den Lateinamerikanern ist jeder allzu »hygienische« Gesichtspunkt gegenüber dieser heiligen Sache immer platt und anstößig. Sie betrachten es mit großer Abscheu, wenn einer versucht, in diesen Bereich die Errungenschaften der modernen Psychologie oder einfach ein bisschen gewöhnlichen Menschenverstand einzuführen.

Für diese Sorte Konservativer ist Erotik nichts Ernstes; ernst ist allein die Liebe. Wir dagegen verfechten in diesen Notizen die These, dass zwar die Liebe etwas sehr Ernstes ist, aber auch die Erotik hinsichtlich all ihrer psychischen und sozialen Konsequenzen. Die großen Gefühle formen den Menschen weit weniger als gerade die winzigen Einflüsse seines Alltags und seiner Umgebung.

Die große Seelenverzückung ist relativ selten, wogegen jeder Mensch den kaum wahrnehmbaren kleinen Formen von Aufstieg und Fall unterliegt. Außerdem gelangt der Mensch erst zu großen

Gefühlen, wenn er durch Tausende kleiner Gefühle geformt wurde. Kann denn etwa die »große Liebe« ein Mädchen oder einen Jungen schlagartig heilen, die in der Schule der Angst, der Passivität und des Misstrauens erzogen wurden?

Europa hat das schon vor einiger Zeit begriffen, und dort würde selbst in den konservativsten Meinungszirkeln niemand das bagatellisieren, was man als normale alltägliche Koexistenz der beiden Geschlechter bezeichnen könnte. Im Gegenteil: Gerade die konservativsten Kreise beschäftigen sich sehr mit diesem Problem, weil sie genau wissen, dass sie selbst am meisten bedroht sind. Während die harten Lebensbedingungen dem einfachen Volk keinerlei Extravaganz und Ausschweifung erlauben, beginnen mit dem Luxus auch die Exzesse. Aber diese Exzesse drücken sich nicht nur in Lastern, Verderbtheit und Üppigkeit aus. Die Oberschicht sündigt auch durch exzessive Tugendhaftigkeit, wenn diese Tugend nämlich nicht gesund und ausgewogen, sondern hysterisch und übertrieben ist. Die in höchsten Kreisen geborenen Tugendwächterinnen, die die ganze Welt läutern wollen, stellen oft ein weitaus irrsinnigeres Ergebnis des Luxus dar als die Sünden, die sie bekämpfen. Ferner sind dieser exzessive »Idealismus«, der einige Angehörige dieser Schicht auszeichnet, und die moralisch-ästhetische Hypersensibilität selten besonders überzeugend. Wenn die privilegierte Klasse – nennen wir sie einmal so – ihren Einfluss auf die Gesellschaft und ihr legitimes Prestige wahren will, muss sie mit einer strengen Selbstkritik beginnen und alle im hermetischen Salon-Milieu entstandenen Tugenden zum Fenster hinauswerfen.

Aber es kommt hinzu, dass man in Südamerika noch immer dem Glauben anhängt, das erotische Leben jedes Einzelnen gerade in den durchschnittlichsten und alltäglichsten Hinsichten sei etwas Diskretes und Privates und in gewissem Sinn Antisoziales. Die Erotik werkelt im Schatten, so gut es geht, und einzig die Liebe ist offizieller Verehrung würdig. Wenn das konservative Denken Südamerikas auf der Liebe herumreitet und die Erotik verschweigt, dann nur deshalb, weil es so dem Vaterland und der Gesellschaft zu dienen glaubt. Auch hier wäre es interessant, die Haltung der rechten Zirkel in Europa mit denen in Amerika zu vergleichen. Diejenigen, die in Europa am besten begriffen haben, dass der Erotik eine viel größere Rolle zukommt als der Liebe, waren ausgerechnet die Nationalisten. Und der Grund dafür ist ganz einfach: Während die Liebe zwischen einer einzigen Frau und einem einzigen Mann entsteht, betrifft die Erotik die Beziehungen zwischen allen Frauen und allen Männern. Das unvergleichlich viel tiefere Liebesgefühl findet seine höchste Erfüllung in der Familie; die Erotik dagegen verbindet in jedem Moment wie eine unsichtbare Brücke alle Söhne und Töchter der Nation und ist wie die Sonne eine unerschöpfliche Energiequelle.

Wenn ein junger Mann auf die Straße geht und sich zehntausend Frauen gegenübersieht, von denen jede einzelne ihn anzieht, ist er womöglich dem Kollektivgeist näher, als wenn er sich in die eine, seine, Geliebte versenkt. Und in diesem unaufhörlichen und nicht wahrnehmbaren Spiel der Instinkte, diesem gegenseitigen Zauber des Flirts und des Vergnügens, des Umgehens mit der Frau formt sich der schöpferische Donjuanismus der Nation, ihre Männlichkeit und Weiblichkeit, ihre Schönheit und Begeisterung. Einem Kollektiv, das sich noch immer nicht völlig zu einer Nation gewandelt hat (und das war in Amerika noch vor wenigen Jahrzehnten der Fall), genügt das unmittelbare Ziel des erotischen Instinkts: die Fortpflanzung. Der Bürger heiratet, hat reichlich Nachkommen und sorgt gut für sie, basta. Aber in einer Nation kommen Mann und Frau nicht nur zusammen, um sich fortzupflanzen, sondern um einander zu verzaubern, und aus diesem Zauber wird das Vaterland geboren. Und es hat nicht eine einzige Frau einen einzigen Mann zu bezaubern, sondern alle Frauen alle Männer und umgekehrt.

Wenn aber ausgerechnet im Namen des kollektiven Interesses all das in den Schatten abgedrängt wird, was nicht die Höhen der Liebe, des Gefühls und der Heirat erreicht hat, wird es sehr schwierig, diesen Leidenschaften eine positive Richtung zu geben. Das konservative Denken Südamerikas mag diese Dinge noch immer nicht unter einem anderen denn ausschließlich »häuslichen« Aspekt betrachten (Heim, Familie, Fortpflanzung), während das Leben selbst uns alle immer mehr Zeit auf der Straße verbringen lässt. Hier geben die Eltern ihren Kindern keinerlei Hilfe bei ihren erotischen Problemen, denn nur die Gesundheit und die Schule scheinen ihnen der Beachtung wert. Ansonsten soll man »sich behelfen, so gut es geht«, bis zur hehren Stunde der Eheschließung. Und das arme Kerlchen behilft sich, so gut es geht, manchmal recht jämmerlich. Aber auch das Kollektiv hilft dem Individuum nicht, und alles, was das Vergnügen des Volks betrifft, die Organisation der gesellschaftlichen Koexistenz von Männern und Frauen, die Beseitigung von Anachronismen und Vorurteilen, wird im Allgemeinen als Sache von untergeordneter Bedeutung behandelt. Die Gesellschaft kümmert sich an jedem einzelnen Wochentag um den Arbeiter, aber nicht samstags und sonntags.

Es ist zwar zweifelhaft, ob ein »Ministerium

für Erotische Angelegenheiten« eine glückliche Neuerung wäre, doch scheint es kaum zu bezweifeln, dass eine indirekte und diskrete Maßnahme des Staats eine große Wohltat für alle wäre. So könnte zum Beispiel die Rundfunkwerbung, die heute in unglaublichem Ausmaß lediglich einer Verblödung der Volksseele dient, durchaus zu einem machtvollen Instrument der Umerziehung werden.

Aber solange Angst, falsche Scham und Geringschätzung die höchsten Kreise der öffentlichen Meinung beherrschen, können die Regierungen nichts ausrichten, und die südamerikanische Erotik »behilft sich, so gut es geht«, im Dunkel einer vollkommen privaten Anarchie.

3

Sie wollen Blumen sein

In der vorangegangenen Notiz haben wir festgestellt, dass zur Sanierung des erotischen Lebens in Südamerika eine Sanierung der allzu engen und anachronistischen erotischen Phantasie von Mann und Frau vorgenommen werden muss. Die Hauptursache unserer schlechten, mangelhaften sexuellen Koexistenz ist diese: dass sowohl der Mann gegenüber der Frau als auch die Frau gegenüber dem Mann etwas anderes zu sein vorgeben, als sie in Wirklichkeit sind, und dass sie sich einbilden, mit dieser fiktiven, künstlichen Persönlichkeit leichter Liebe und Glück erlangen zu können. Und diese naive, hartnäckige Maskerade hört keinen Moment lang auf und ist längst zu einer Gewohnheit geworden, ja sogar zu einem Ritus.

Wir wollen nun eine kleine Analyse des »erotischen Wesens« der Argentinierinnen vornehmen und dabei versuchen, einige dieser Verfälschungen aufzudecken. Und diese Definition wollen wir von vornherein geben: Was die Argentinierin am meisten lähmt und beeinträchtigt, ist, dass sie nicht Frau sein will, sondern Blume und Mädchen.

Sklavin der eigenen Schönheit

Vergleicht man Argentinierinnen mit Europäerinnen (der Begriff »Europäerin« ist sehr verschwommen, da es verschiedene europäische Frauentypen gibt), kommt man sofort zum erfreulichen und ermutigenden Schluss, dass wir hinsichtlich physischer Schönheit den alten Kontinent nicht beneiden müssen. Welche Augen haben wir hier in Südamerika, welche Zähne, welche Körper und welche Gesichter! Außerdem ist die angeborene Anmut der lateinamerikanischen Frau ohne Zweifel groß, und ebenso groß ist ihre Form- und Stilsicherheit: Sie lachen, bewegen, betragen sich in jeder Lage sehr gut, und in dieser Hinsicht können ihre Reaktionen auch dem heikelsten Richter und Kenner kaum je als anstößig erscheinen. Dennoch mögen sich nach dieser Hommage die Damen darauf vorbereiten, eine strenge, wiewohl, glaube ich, seriöse Kritik anzuhören. Warum beeindruckt diese physische Schönheit nicht so, wie sie beeindrucken sollte? Das heißt: Warum fasziniert oder beherrscht eine argentinische Schönheit den Mann nicht so stark wie eine europäische? Es ist dies eine seltsame Frage. Natürlich reichen schöne Augen nicht, um zu beeindrucken; psychische Faktoren müssen hinzukommen. Offensichtlich kann die Argentinierin sich kaum dank ihrer Schönheit durchsetzen, aus dem einfachen Grunde, da sie selbst völlig von ihrem Äußeren beherrscht wird. Was für eine Frisur! Wie schön! Wie elegant! Welch ein Make-up, und welche Mühe, wie viele Stunden und welche Opfer es gekostet hat, diese fast vollkommene Ästhetik zu erreichen! Aber diese Frau ist schon so elegant, so ästhetisch, so fiktiv, dass sie sich kaum noch bewegen kann, vor lauter Angst, ihr Äußeres zu ruinieren. Sie hat so hohe Absätze, dass sie weder laufen noch springen kann; sie hat Angst vor Wind, weil sie allzu gut frisiert ist; sie kann sich weder ein besonders spontanes Lachen noch eine besonders energische Geste gestatten, weil das womöglich die Ästhetik vernichten könnte. Ebenso wenig darf sie sich ein Gefühl, einen Gedanken erlauben, die nicht hundertprozentig »ästhetisch« wären, weil es ja ihre Funktion und Pflicht ist, unaufhörlich und ohne Rast bezaubernd zu sein. Die Argentinierin ist Sklavin der eigenen Schönheit und macht sich so zur Sklavin des Mannes.

Ich erinnere mich, wie ich einmal auf dem

Montparnasse mit ein paar französischen Studenten und einigen sehr hübschen und äußerst wohlfrisierten Mädchen zusammen war. Plötzlich sprang einer der jungen Männer wie ein Löwe auf, brüllte: »Aber mit solchen ondulierten Köpfen kann man doch nicht reden!«, und demolierte die *coiffures,* die sie mit einem derartigen Verantwortungsgefühl trugen. Ich will hier keinen aufwiegeln, glaube aber doch, dass man genau das in Südamerika tun sollte ... und dass es sehr heilsam wäre, wenn der Mann der Frau zu verstehen gäbe, dass allzu perfektionierte Schönheit ihn nicht bezaubert, sondern ermüdet und langweilt. Aber das Physische ist noch das Geringste! Unvergleichlich viel wichtiger und für das kollektive Leben schädlicher ist diese »spirituelle Schönheit«, »psychische Reinheit«, diese »Ästhetik der Seele«, die die Argentinierin die Rolle eines vom Himmel gefallenen Engels spielen lässt. Das Schönheitsideal dieser Frauen ist zu artifiziell und zu eng. Sie wollen »harmonisch« sein; aber da in Wirklichkeit kein Mensch perfekte Harmonie erreichen kann und wir alle zu zahllosen Antinomien und Dissonanzen verdammt sind, wird diese Harmonie zur Lüge. Sie wollen »ästhetisch« sein; aber da Leib und Seele ihre hässlichen Stellen haben und das ganze Leben voll davon ist, wird dieser extreme Ästhetizismus ebenfalls zur

Lüge. Sie wollen »rein« sein; aber sich Lauterkeit als hohes Gut und fernes Ziel vorzunehmen, ist eines, und ganz etwas anderes ist es, Reinheit vorzutäuschen in einer Welt, die so dramatisch unrein ist wie die unsere.

Weniger Äußerlichkeit, mehr Ehrlichkeit

Wenn die Europäerin heute in ihren Reaktionen ehrlicher, authentischer und spontaner ist, dann ist das nicht ihr eigenes Verdienst, sondern leitet sich aus der Tatsache her, dass die Umgebung mit ihren Kriegen und Revolutionen zur Ehrlichkeit zwingt. Das ruhigere, bürgerlichere Leben auf dem südamerikanischen Kontinent hat die Leute dazu gebracht, Äußerlichkeiten zu sehr zu kultivieren, und keiner weiht sich diesem trüben Kult mehr als die Frau. Die Argentinierin lässt sich betrachten, die Europäerin betrachtet; die Argentinierin ist passiv, die Europäerin aktiv; die Argentinierin lebt für den Mann, die Europäerin hat auch ein Eigenleben; die Europäerin ist äußerlich weniger hübsch, aber weit dramatischer und vor allem dynamischer. Und zweifellos aus diesem Grunde nimmt der Mann sie ernster. Denn der Argentinier kann die Frau ja gar nicht ernst nehmen, solange er spürt, dass ihr ganzes Dasein, alles, was sie sagt oder tut, letzten Endes aus einer einzigen

Quelle kommt: Sie will den Mann bezaubern und dies durch ihre Reize erreichen. Und indem sie zu schön sein will, fällt die Frau dem Infantilismus anheim, was nicht nur schädlich ist, sondern vor allem furchtbar, entsetzlich langweilig.

Man kann nicht ernsthaft über eine erotische Umerziehung der Argentinierinnen reden, ohne den unheilvollen Einfluss dieses Schönheitsideals zu betonen, das sie sich in einer viel zu leichten und oberflächlichen Lebensperiode geformt haben. Die Reaktion muss vom Mann ausgehen: Wenn wir wollen, dass sie uns gegenüber echter sind, müssen wir ihnen gegenüber echter sein. Aber wie es ist, verhindern mehrere starke Faktoren eine solche Authentizität und Ehrlichkeit, und statt uns gegen den derzeitigen Stil der Frau zu wenden, schmeicheln wir ihr weiterhin und bestärken sie noch in all ihrem Konventionalismus. Wir schmeicheln ihr, weil wir ihre Gunst erringen wollen und auch, weil wir uns an diese Sorte Frau und an diese Art, die Frau zu behandeln, so sehr gewöhnt haben, dass uns etwas anderes, Neues unmöglich und phantastisch erscheint. Außerdem erklären sich natürlich Menschen von oberflächlichem Zuschnitt und Geist für sehr befriedigt darüber, hier, in dieser niederen Welt, ein Stückchen Himmel zu haben ..., auch wenn dieser Himmel nur gemalt ist. Sie sehen nicht, dass eine derart billige Moral und Ästhetik in Wahrheit eine Beleidigung der wirklichen Moral darstellt. Aber es scheint, dass vom Friseur und der Schneiderin bis hin zum Dichter und Schriftsteller (o diese Verfasser von »Frauenromanen«!) alle sich verschworen haben, die Frau zu einem Engel, einer Blume, einem kleinen Mädchen zu machen …, alles, bloß nicht zur Frau.

Quell allen Materialismus: das Geld

Die gesellschaftlichen Folgen dieser Maskerade sind erheblich. Eine Blume-Frau braucht auch eine artifizielle Umgebung, eine artifizielle Konversation, eine besondere Behandlung und schließlich ein ganzes System von künstlichen Einrichtungen, das ihre Zerbrechlichkeit vor dem wirklichen Leben schützt. Grundlage all dieser Feinheiten und Vornehmheiten ist natürlich das Geld, und hier haben wir auch die Hauptquelle des südamerikanischen Materialismus. Wenn man jedoch die aristokratische und Luxus-Welt von Buenos Aires mit der europäischen Aristokratie vergleicht, bemerkt man sofort den Unterschied: In einem Salon von Buenos Aires tut man alles nur Mögliche, um die Realität auszuschalten, und schafft eine künstliche Atmosphäre von Scherz, von »guter Erziehung«, von »Kultur«, von »Feinheit«, während die europäische Aristokratie weit weniger gebildet und in gewisser Hinsicht weit energischer ist. Auch dort machen sich die Leute das Leben so schön wie möglich, aber alle sind sich der Tatsache viel bewusster, dass dies nichts ist als Zierrat. In Europa gibt es eine gewisse Scham gegenüber Luxus, Bequemlichkeit, Verfeinerung, wie man sie in den Salons von Buenos Aires kaum je zu spüren bekommt. Aber diese Feinheit *sui generis* der Oberklasse von Buenos Aires wird in der Mittelschicht zu einem starren Konventionalismus, der sich ebenfalls gegen die Wirklichkeit stellt. Und in beiden Umgebungen wird die Blume-Frau, die Mädchen-Frau zur Sklavin des Geldes, weil ihr Kampfgeist, Romantik und ein weiteres, tieferes Poesieverständnis fehlen.

Das Problem der Blume-Frau

Am schlimmsten dabei ist, dass unter diesen Umständen die Beziehungen der Blume-Frau zum Mann eine allzu konkrete und einseitige Form annehmen. Der Mann will die Frau erobern, die Frau will den Mann erobern … und sonst nichts. Die ganze Schönheit von Erotik und Liebe mit ihren vielfältigen Facetten als Freundschaft, Kameradschaft, geistiges Zusammenleben, Begegnung von Persönlichkeiten wird reduziert auf ein paar Komplimente, einen Ball, einen Kinobesuch (von ihm bezahlt) und schließlich eine besondere Taktik von beiden Seiten, die keinen Moment lang das unmittelbare Ziel aus dem Blick verlieren: die Geliebte, den Gemahl. Und wenn die Blume-Frau trotz aller Bemühungen die Ehe nicht erreicht, bedeutet das die Katastrophe: weil sie ihre ganze Unabhängigkeit und ihren ganzen persönlichen Stolz geopfert hat, um den Mann zu bekommen und ein Heim zu gründen.

Es gibt keinen Zweifel, dass man vieles zur Verteidigung der Argentinierin anführen könnte, und vor allem muss man berücksichtigen, dass sie gerade durch ihren physischen Typus empfindsamer ist als ihre Schwestern anderer Rassen, die in anderen Klimazonen geboren wurden ..., und dass sie Romanin ist. Es wäre sehr naiv, von einer Romanin zu verlangen, dass sie zum Beispiel Angelsächsin werden, ihre Rasse, Kultur und Tradition verraten solle. Aber auch eingedenk dieser Einwände und Richtigstellungen muss man die Opposition gegen das derzeitige Ideal der »kreolischen Schönheit« fördern, weil dieses Ideal längst niemanden mehr befriedigt und allen schadet. Und das ist nur möglich, indem man das Problem klar und entschieden formuliert: Wir alle müssen wissen, dass dieses Problem – das Problem der weiblichen

Schönheit – eines der wichtigsten und dringendsten Probleme unserer Kultur ist.

Im weiteren Verlauf wollen wir versuchen, bestimmte Mythen und sekundäre Komplexe der südamerikanischen Frauen zu analysieren.

4

Den Frauen das Leben!

So hält die Argentinierin sich also für eine Blume oder, besser gesagt, möchte Blume sein. Aber wie stellt sie sich den Mann vor? Weist ihre Phantasie vielleicht auch hier Züge auf, die keineswegs mit dem modernen Leben und seinen Erfordernissen in Einklang zu bringen sind? Wenn man mich fragte, welche Eigentümlichkeiten Südamerika in dieser Hinsicht bietet, würde ich antworten: Nirgendwo in der zivilisierten Welt fürchtet die Frau den Mann so sehr; nirgendwo in der zivilisierten Welt hat die Frau eine extremere Einstellung gegenüber dem Mann, und zuletzt: Nirgendwo gibt es einen größeren Liebes- und Jungfräulichkeitskult.

»Caballero« oder »Blaubart«

Offen gesagt bringen die Argentinierinnen die Männer in eine höchst unbequeme und bisweilen nahezu lächerliche Lage. Zunächst einmal ist schon der ganze Mechanismus der Gewohnheiten und Konventionalismen, dieser ganze Verteidigungsapparat der Frau gegen die vermeintliche Rohheit des starken Geschlechts grotesk. Der bedauernswerte Bräutigam, kontrolliert von einem ganzen Areopag alter Damen, die ihn keinen einzigen Moment mit der Braut allein lassen, muss sich ja vorkommen wie ein Raubtier gegenüber einer Schwalbe. Das arme »Mädchen« (zwanzig und ein paar Jahre alt), erschreckt durch so viel Behütung, beginnt zu glauben, dass er ein Dämon ist und diese Lüste absolut unwiderstehlich sein müssen, da ja nicht einmal Mutter und Tante Zutrauen zu ihrer Ehrbarkeit und Widerstandsfähigkeit haben. Wir sehen, dass hier alles die Übersteigerung der Phantasie fördert, die Macht der Erotik übertreibt, während heilsame Sexualpädagogik eben daraus bestehen sollte, dass diese Gefahren auf ihre reale Dimension reduziert werden. Und die Männer plagen sich mit zwei Fiktionen: Einerseits sollen sie ganz besondere, übertriebene Feinfühligkeit, Zärtlichkeit, Ritterlichkeit, Empfindsamkeit heucheln; andererseits fühlen sie sich gehetzt vom Mythos des Raubtiers, der männlichen Bestie. Der Argentinier hat keine andere Möglichkeit: Er ist entweder ein als »Caballero« maskierter Blaubart oder ein als »Blaubart« maskierter Caballero.

Es ist klar, dass Angst Rohheit anstachelt und dass die erotische Rohheit des Argentiniers der Angst der Frau entstammt; es kann allerdings sehr wohl sein, dass vor Jahrhunderten die Angst der Frau aus der Rohheit des Mannes kam. Jedenfalls ist diese künstlich geschaffene Rohheit, die längst nichts mehr mit dem tatsächlichen Wesen des gutmütigen, friedfertigen Geschäftsmanns in Buenos Aires oder des Angestellten in Rosario zu tun hat, heute überaus komisch. »Der Mensch ist weder Engel noch Bestie, und wer den Engel macht, macht die Bestie«; dieser Satz von Pascal lässt sich trefflich auf unser erotisches Leben anwenden, wo es keinen Mittelweg gibt, wo alles in einem phantastischen Extremismus zusammenfällt und wo die Frau, indem sie sich zum Engel macht, den Mann zur Bestie verwandelt. Es scheint seltsam, dass eine romanische Zivilisation zu einem derartigen Mangel an Ausgeglichenheit und Vernunft kommen konnte, aber wir dürfen nicht vergessen, dass Spanien sich geographisch in einer europäischen Extremlage befindet. Doch gibt es neben der spanischen Tradition auch eine nicht minder starke einheimische Tradition: Lange Zeit gab es in diesen Landen weniger Frauen als Männer, und die Frau war sehr begehrt und gesucht … Heute hat sich dieser Sachverhalt weitestgehend normalisiert; dennoch leben wir immer noch in einem anomalen psychischen Klima.

Die Maske der Erotik

Deshalb muss die Argentinierin den Versuch machen, ihre Atavismen zu überwinden und sich ein realistischeres Bild vom modernen Mann zu schaffen. Wenn sie bereit wäre, ihrer eigenen Verkleidung als »Engel«, »Blume« oder »Mädchen« zu entsagen, könnte sie leichter auf die Maskierung des Mannes verzichten und zum wirklichen Leben zurückfinden. Vor allem muss sie begreifen, dass der Mann nicht einmal halb so erotisch ist, wie sie ihn sich vorstellt und wie sich in Südamerika die Männer selbst sehen. Ich wage das entgegen allem Anschein zu behaupten, denn hier haben die Leute nicht nur Temperament, sondern erregen sich in Sachen Erotik bis zu einem Grad, dass es manchmal an eine Manie grenzt. Jeder junge Mann neigt sehr schnell zu kleinen und großen Übertreibungen, wenn er Freunden von seinen amourösen Abenteuern erzählt; so erfolgt eine gewaltige Legendenbildung über »das erotische Leben der anderen«, und tief im Herzen ist jeder Argentinier überzeugt davon, dass die anderen mehr Erfolg und mehr Spaß haben und er allein zu einem armselig unbefriedigenden

Geschlechtsleben verdammt ist. Wenn eine Frau vorübergeht, spielen alle übertriebene Erregung vor, und indem sie sie vorspielen, erregen sie sich tatsächlich. Wenn der Argentinier mit einer Frau spricht, spielt er immer mehr vor, als er tatsächlich empfindet, und die Frau tut dasselbe; so entsteht zwischen ihnen etwas, was man »artifizielle Erotik« nennen könnte, die »Maske der Erotik«. Vielleicht werden Sie mich fragen, wo es denn ein Land ohne derlei artifizielle Erregung gibt? Das gibt es in sämtlichen Weltgegenden; aber in diesen Ländern kennen und kontrollieren die beiden Geschlechter sich und einander besser und sind gleichzeitig weniger naiv gegenüber den Spielen ihrer eigenen Phantasie.

Wenn die Argentinierin einmal begreift, dass »ihr Mann« viel »kälter« ist, als er zu sein scheint, menschlicher und ausgeglichener, dann kann man das schon für einen großen Schritt nach vorn halten. Wenn sie außerdem begreift, dass der Mann nicht von Natur aus zynisch ist, sondern zynisch wird, weil man ihn entsprechend behandelt, dann wäre das ein weiterer großer Fortschritt. Wenn sie schließlich ihre Träume über »den vollkommenen Mann«, »die vollkommene Liebe«, »vollkommenes Glück und Verstehen« besser kontrollieren kann, dann wird man mit ihr vernünftig und normal reden können.

Zu Beginn dieser Notiz sagte ich, in keiner Weltgegend werde die Phantasie der Frau stärker beherrscht vom Mythos der Liebe und der Jungfräulichkeit. Wenn die Argentinierin dieses heilige Wort »Liebe« ausspricht, scheint sie sich im Himmel zu verlieren, und ihre Augen leuchten … Mich bezaubert dieser Idealismus, bei dem die Frau nicht nur den Kopf, sondern auch die Würde verliert; dennoch sollte man auch die hehrsten Gefühle prüfen und beherrschen, damit sie nicht zu Vorwänden für andere, minder schöne Gefühle und Sehnsüchte werden. In ihrem Liebeskult wie in allen anderen Gefühlen ist die Argentinierin äußerst passiv: Sie träumt nicht davon zu lieben, sondern geliebt zu werden; das ist etwas ganz anderes, und man könnte es für … eine Manifestation von Faulheit halten. Wie schön, geliebt zu werden und das Leben in den Armen des verzauberten Mannes zu verbringen! Aber die große, die vollkommene Liebe ist darüber hinaus eine prächtige Ausrede gegenüber anderen, weniger vollkommenen, menschlicheren Formen der Liebe, die der Pflege bedürfen und die manchmal nicht nur Mühe, sondern Opfer verlangen. Indem die Argentinierin auf die »Große Liebe« wartet, flieht sie ganz einfach vor dem Leben, und ihr Extremismus verurteilt sie abermals zu Isolation und Einsamkeit. In der modernen Welt ist es nicht mehr genug, dass die Frauen sich lieben lassen; sie selbst müssen lieben, das heißt, aktiv am Leben teilnehmen, indem sie sich selbst alle möglichen Verbindungen und Passionen schaffen, am kollektiven und nationalen Dasein teilhaben und sich schließlich für irgendetwas interessieren; und nur eine solche Schule, ein nie abreißender Kontakt zum praktischen Leben können sie heilen von ihren aus Trägheit und Passivität geborenen Träumen, die Früchte von Langeweile und Bequemlichkeit sind. Ich entsinne mich, dass ich einmal ein »Mädchen« fragte, was sie den ganzen Tag mache. Und sie antwortete: »Nichts ... Ich schaue aus dem Fenster und warte auf die Liebe ...«

Ein Vorwand für Lebensflucht

Zu welchem Grad von Exaltiertheit, Verfeinerung, Hypersensibilität ... und Sensualismus ... kann sich die Phantasie dieser Señoritas versteigen, die nicht leben, sondern warten ..., während ihre Schwestern anderer Rassen und anderer Kontinente in den verschiedensten Bereichen der Wirklichkeit handeln und kämpfen und sich so jene gesunde geistige und physische Disziplin aneignen, ohne die man sich in der eigenen Hinfälligkeit verliert! Und auch der zweite große Kult der Argentinierin, der Jungfräulichkeitskult, wird in diesem Ambiente aus Trägheit und Passivität zu einem Vorwand, um vor dem Leben zu fliehen und ewig zu warten. Ebenso wie der Liebeskult ist der Jungfräulichkeitskult ein natürliches Attribut jeder anständigen Frau, und natürlich hat jeder anständige Mann den Hut zu ziehen vor dieser schönen und beinahe göttlichen Empfindung der Frau. Aber in Südamerika ist dieses Empfinden zu einem Vorurteil von rein praktischer Natur geworden. Außerdem hat es einen so konkreten, so ausschließlich physischen Aspekt bekommen, dass es längst viel mehr mit Sensualismus als mit Idealismus zu tun hat. Das einzige Lebensprogramm der Argentinierin scheint so auszusehen: Solange ich nicht heirate, bin ich Jungfrau, hänge von Papa ab und muss mich hegen; danach wird mir der Gatte Liebe, Heim und Glück beschaffen. Was für ein schäbiges und unendlich bequemes Programm!

Den Frauen das Leben! Die neue Generation muss aus dem Haus gehen, sich der Wirklichkeit stellen, sich prüfen, ihre Phantasie sanieren. Dann wird die Argentinierin ihre wunderbare Kraft und die Dynamik ihrer Jugend wiedergewinnen und diese ganze trübe Welt von Ängsten, Schwächen, Exaltiertheiten hinter sich lassen, die öde Welt des ewigen Wartens.

5

Der weibliche Anstand

Die bezaubernden Damen müssen noch die letzte Attacke, die letzte Kritik über sich ergehen lassen. Danach kommt die Rache, denn dann befassen wir uns mit dem starken Geschlecht.

Die Klagen des normalen Südamerikaners über die Frau sind vielfältig und bitter, aber fast immer eher zufällig und bruchstückhaft. Man kann feststellen, dass die Literatur dieses Feld nicht gründlich genug bearbeitet hat und dass beide Parteien sich in Details verlieren, statt sofort zum Kern zu kommen. Was sagen die Jungen, wenn sie unter sich vom schönen Geschlecht reden? Sie sagen, dass die Frauen ewig lange Telefongespräche führen. Sie sagen, sie seien empört, wenn sie in Maipú oder Suipacha drei oder vier *chicas* zur Hauptverkehrszeit Arm in Arm nebeneinandergehen und den Bürgersteig blockieren sehen. Sie sagen, die Frauen seien »falsch«. »Warum beklagen sie sich«,

fragte ein junger Mann, »über unsere Aggressivität, wenn sie alles Mögliche anstellen, um uns aggressiv zu machen? Wenn ein Mädchen schöne Beine hat, zeigt sie sie, bis zum Knie, aber danach sagt sie: ›Im Bus hat mir ein Idiot auf die Beine gestarrt! Als ob er noch nie welche gesehen hätte!‹«
Ein anderer Junge sagte mir: »Ich finde es unmöglich, wie sehr sich Frauen von den oberflächlichsten, dümmsten Äußerlichkeiten hinreißen lassen. Ein Schnurrbart, ein Schlips ... Der ›distinguierte‹, der ›elegante‹ Mann ist ein Gott für sie, und wenn er außerdem auch noch groß ist, dann schmelzen sie dahin.« Die Kritik am schönen Geschlecht beschränkt sich im Allgemeinen auf derlei isolierte Beobachtungen und Vorwürfe. Außerdem wird sie stimuliert durch die allzu abgehobenen Vorstellungen des Argentiniers über das erotische Leben in Europa. Aber auch in diesem Punkt muss die hiesige Phantasie von bestimmten Übertreibungen und Einfältigkeiten gereinigt und saniert werden: Zum Glück oder leider ist die Frau immer Frau, in Amerika wie in Europa. Die allgemeine Überzeugung, in Europa gebe es »keine Vorurteile« und der glückliche Europäer könne all seine Wünsche befriedigen, ist äußerst schädlich für die amerikanische Sexualkultur. Besonders verblüffend ist es, dass nicht nur der Mann auf der Straße, sondern auch der Intellektuelle, der Schriftsteller,

der Künstler sich durch diesen naiven Mythos von der »europäischen Freizügigkeit« faszinieren lässt.

Wie viele Mythen, wie viele Legenden, wie viele Verirrungen der Phantasie doch das südamerikanische erotische Drama ausmachen!

Das höchste Wort: Liebe

In Wahrheit ist es so, dass keine Frau in keinem zivilisierten Lande dem Mann alles erlauben darf, und in Europa wie in Südamerika wird das höchste Wort der Frau immer die Liebe, die Ehe sein. Der wichtigste Unterschied zwischen beiden Kontinenten beruht eher auf psychologischen Faktoren: Der Europäer hat die gleichen oder fast die gleichen erotischen Probleme wie der Südamerikaner, geht aber anders mit ihnen um und kann aus ihnen vor allem mehr Freude und mehr geistigen Gewinn ziehen. In Europa gibt es sicherlich weniger von dieser morbiden, trüben Erotik, die zu einer Plage des neuen Kontinents geworden ist.

Damit die Kritik der Frau durch den Mann tiefer und wirksamer wird, muss man in all diese isolierten Klagepunkte und irrigen Vergleiche ein wenig Ordnung bringen. Ich glaube, es ist ohne größere Schwierigkeiten möglich, die wichtigsten Mängel und Schwächen der Argentinierin zu präzisieren und ihre historischen Ursprünge zu finden: Die zahlenmäßige Überlegenheit der Männer hat den Typ der *gesuchten und hoch bewerteten Frau* geschaffen. Die arabische Tradition, via Spanien, schuf den Typ der *passiven Frau;* das bürgerliche friedliche Leben den Typ der *bürgerlichen Frau*: Das sind die drei Erbkrankheiten, die diese wunderbar begabte Frau schwächen und sie gegenüber dem Rest der Welt in eine Position von Minderwertigkeit bringen. Natürlich hat auch der Rest der Welt seine Schwachpunkte, aber das sind eben die unseren. Es genügt nicht, sich gegen bestimmte Gewohnheiten aufzulehnen; man muss gegen den Geist dieser Gewohnheiten angehen.

Kein Kampf gegen die Prinzipien, sondern …

Wie werden die Frauen sich gegen eine solche Kritik wehren? Zuerst werden sie uns mit überaus charmantem Lächeln erklären: »Geben Sie ruhig zu, dass wir Ihnen trotz allem sehr gut gefallen.« Aber wenn ihnen klar wird, dass die Sache viel ernster ist und folglich nicht durch ein Lächeln bereinigt werden kann, werden sie uns äußerst streng und entrüstet antworten: »Ah! Wir gefallen Ihnen nicht, weil wir anständige Frauen sind.« Die sittsame Frau! Das ist die Peitsche, mit der die Argentinierin uns züchtigt. Sie züchtigt sowohl den Dreisten, der ihr auf der Straße nachläuft, als auch den, der sich aus seriöseren Gründen nicht mit ihrem augenblicklichen Typus einverstanden erklärt. Dieses höchste Argument stärkt ihre Würde, unterstreicht ihre Unabhängigkeit, stellt die gute Absicht des Kritikers infrage. Natürlich kann sich keiner gegen dieses Anstandspostulat stellen, ohne das die Frauen und die Gesellschaft totaler Anarchie verfallen würden. Wenn doch nur alle sittsam wären, und so sittsam wie nur möglich! In Südamerika braucht man nicht gegen die Prinzipien zu kämpfen, denn nahezu alle Prinzipien sind gesund, und diese jungen, lebendigen Gesellschaften beweisen einen völlig intakten Instinkt für das kollektive Leben. Die Gefahr liegt darin, dass hier die Prinzipien, die Ideale, die Motti leicht allzu starr und formal werden. Der Schein beherrscht den Geist, und die Form tötet den Inhalt. Man muss den Frauen beibringen, dass selbst diese »Sittsamkeit«, wenn sie missverstanden und oberflächlich-schematisch angewandt wird, schnell zum Feind Nummer eins des wirklichen Anstands werden kann.

»Sittsame Frau«

Was heißt das, *sittsame Frau*? Sittsam ist die Frau, die das Gesetz und bestimmte von der Gesellschaft auferlegte Konventionen achtet. Diese Konventionen haben keinerlei Wert an sich und dienen nur als sekundäre Mittel, die uns helfen, die höheren Prinzipien unserer katholischen Moral zu wahren. Die sittsame Frau lässt sich auf der Straße nicht von Unbekannten begleiten, nicht weil das an sich schlecht wäre, sondern weil die Folgen derart exzessiven Vertrauens ihre moralische Gesundheit schädigen könnten. Die Kriege und Wirren in Europa sorgen dafür, dass die Leute nicht vergessen, wie relativ der Wert von Konventionen ist, und die Europäerin weiß sehr wohl, dass es einen gewissen Unterschied gibt zwischen dem ach so wichtigen Problem der »Entblößung am Strand« und dem Problem, mit Tapferkeit und Opfermut Bombardierungen zu ertragen. Aber für viele makellose, ehrenwerte Damen und Frauen in Südamerika, die bestens von Dienstmädchen umhegt werden, gibt es keine Hierarchie der Werte: Alles vermischt sich, alles ist gleich. Die Frau soll ihren Mann nicht betrügen, und ebenso soll sie keine zu kurzen Röcke tragen! Während die ganze Welt von einer furchtbaren Katastrophe geschüttelt wird, während alle Nationen sich auf den höchsten Einsatz vorbereiten müssen, haben *sie* keine anderen Sorgen als »die Entblößung am Strand« und missbilligen aufs Schärfste jene Frauen, die sich das Haar färben.

Die Frau muss lebendig sein

Aber auch wenn diese Argentinierinnen einen unvergleichlich viel tieferen und ernsteren Begriff von Anstand hätten, würde das nicht ausreichen. In jeder Gesellschaft gibt es Werte, die leicht zu definieren und folglich leicht zu beachten sind, und andere schlechter definierte, weniger präzise, die dennoch nicht weniger wichtig sind. Der Begriff des weiblichen Anstands ist durch Moral, Kirche, Meinung bis in die winzigsten Einzelheiten vollkommen definiert, aber außerdem muss die Frau lebendig sein … und poetisch … und dynamisch …, und eine Gesellschaft, deren Frauen diese so heiklen und dabei so grundlegenden Tugenden nicht besäßen, könnte sehr bald Schäden an ihrem gesamten Innenleben davontragen. Die jungen Gesellschaften Südamerikas haben in der Vergangenheit weit mehr durch exzessive Vitalität gesündigt, und es ist kein Wunder, dass dann alle Bemühungen sich gegen die Leidenschaften und in gewisser Weise gegen das Leben gerichtet haben. Aber heute kann Südamerika sich nicht über exzessive Lebendigkeit beklagen; im Gegenteil, das Leben hier wirkt erloschen, und die Jugend dieser Länder spürt manchmal Neid auf die schöpferischen Leiden des alten Europa. Was wir heute hier benötigen, ist nicht ein Sedativum, sondern ein Tonikum; unter keinem Vorwand darf man zulassen, dass ein platter, enger, formaler und oberflächlicher Anstand den Lebensinstinkt und die angeborene Energie der Frau erstickt.

Zu welchen Folgerungen sind wir nun im Verlauf dieser Notizen gelangt? Das Schönheitsideal unserer *chicas* muss modifiziert werden. Ihre Vorstellung vom Mann muss modernisiert werden. Man muss den kritischen Geist des Mannes organisieren und vertiefen und ihn auf die wirklichen Ursachen des Übels richten. Die Frau trägt keine Schuld; schuldig ist die Umgebung.

6

Der südamerikanische Mann und sein Schönheitsideal

Zweifellos schmachtet der Argentinier nach Schönheit oder möchte wenigstens gut aussehen, gut frisiert und gut gekleidet sein. Nur in wenigen Ländern der Welt sieht man besser mit Hemd und Jackett abgestimmte Krawatten, sorgfältiger ausgewählte Schuhe und besser zum Taschentuch passende Strümpfe. »Die Jungs von früher haben keine Pomade benutzt.« Die Jungs von heute verwenden nicht nur Pomade, sondern ge- und missbrauchen Cremes, Massagen, Gesichtsbäder, fast wie die Frauen. Ein *Institut de beauté* für Männer könnte ein großer Erfolg werden.

Das wären die weiblichen Züge der männlichen Schönheit in Südamerika. Der maskulinste Zug ist der Schnurrbart. Wer aus Europa kommt, ruft als erstes aus: »Donnerwetter! So viele Schnäuzer!« Aber ... aber ... was seinen Schnurrbart angeht, ist der Südamerikaner ein sehr berechnender Schelm: Er trägt ihn, weil er weiß, dass die *chicas* das mögen. Der Schnurrbart ist ein Zierrat zur Beeinflussung des schönen Geschlechts, eine Koketterie, die der weiblichen sehr ähnelt.

Der Argentinier hat die Männlichkeit nicht verloren

Unter diesen Umständen stellen sich einige Fragen von großer Bedeutung. Ist der Südamerikaner vielleicht zu sehr verweiblicht? Ist der Schein vielleicht doch mehr als zufällige Äußerlichkeit, die keiner psychologischen Realität entspräche? Es wäre sehr oberflächlich, solch eine schwerwiegende Bezichtigung auf derlei zweitrangige Fakten zu stützen, und wenn wir das Problem etwas gründlicher untersuchen, stellen wir das genaue Gegenteil fest: Der Argentinier hat nichts von der ererbten spanischen Tapferkeit und Kühnheit verloren; er hat das Männern angemessene Ehrgefühl und, womöglich noch wichtiger, besitzt eine gewisse geistige Strenge, die den grundlegenden Unterschied zwischen der männlichen und der weiblichen Seele darstellt. Am treffendsten wäre also die Feststellung, dass der Argentinier, im Grund seines Herzens hundert Prozent Mann geblieben, in seinem Auftreten, seiner Kleidung, seiner

Sprache eine gewisse Neigung zu Verweiblichung zeigt …, dass sein »Auftreten« in der Gesellschaft femininer ist als er selbst. Es scheint der Frau hier gelungen zu sein, ihren Geschmack, ihre Feinheit, ihre Schwächen durchzusetzen in allem, was das »Auftreten« des Mannes ausmacht, das heißt seine Art, sich äußerlich zu geben. So ist der Argentinier zum Beispiel sehr tapfer, wenn es darum geht, diese Tapferkeit in einer Keilerei zu demonstrieren, aber absolut feige, wenn er einem Freund eine unangenehme Mitteilung machen soll; geschäftlich oder in der Politik kann er kühn oder wenn nötig sogar grob sein, aber gleichzeitig sind seine Konversation mild, seine Manieren sanft und passiv, seine Krawatte kokett und seine Sensibilität oft übertrieben. Am leichtesten zu beobachten ist in jedem Land, wer die Kultur beherrscht hat: der Mann oder die Frau. In manchen Ländern beherrscht das Gesetz des Mannes ebenso die Sexualmoral wie die Formen sexueller Koexistenz, und dort sind sogar die Witze der Frauen »maskulin«; aber Südamerika ist von der Frau erobert. Und das, obwohl sie so sehr Sklavinnen des Mannes sind und sich so sehr seinem Geschmack und seinen Launen anpassen! Während jede einzelne von ihnen nichts ist als »Blume« oder »Mädchen«, ist es allen zusammen trotz ihrer scheinbaren Schwäche und Schüchternheit gelungen, den Kontinent zu erobern!

Man sieht dies vor allem daran, wie sich hier der Mann seinem eigenen Schönheitsideal stellt. Der Mann braucht sich nicht mit Frauenaugen zu betrachten, um seine Schönheit zu überprüfen, die nicht nur sexuell ist ... Wenn ein Mann eine Frau erobern will, hat er die Wahl zwischen zwei Wegen: Er kann versuchen, ihre Gunst zu gewinnen, indem er ihr entgegenkommt, sich ihren Wünschen anpasst, oder er kann seine eigene Natur zum Gesetz erheben. Nun ist ein wirklich in seine eigene maskuline Schönheit verliebter Mann weit eher imstande, eine Niederlage zu erleiden, als auf bestimmte seiner natürlichen Gaben zu verzichten: Ein solcher Mann wird beispielsweise nie Konzessionen an weibliche Kleinlichkeit machen, denn wenn er so auch die Frau gewinnt, verliert er gleichzeitig die eigene Schönheit. Allerdings scheinen für viele Südamerikaner Frauen einen Zweck an sich darzustellen; je mehr einer den Frauen gefällt, desto schöner ist er; je mehr Frauen er erobern kann, desto mehr hat er das Leben genossen; und wenn die Frauen plötzlich verlangten, die Männer sollten sich die Nasen grün färben, würden die Männer es mit Begeisterung tun ... Hier lebt nicht nur die Frau fast ausschließlich für den Mann und verzichtet dabei auf die eigene Persönlichkeit, auch der Mann lebt sehr oft nicht für sich selbst, sondern für die Frau.

Woher kommt diese psychische Schwäche des Mannes, und warum kennt in Europa das starke Geschlecht seine Stärke besser und nutzt sie mehr?

Maskuline Poesie

In Südamerika steht der Mann, vor allem der junge Mann, den Frauen allein gegenüber. Die männliche Schönheit, männliche Haltung, die Mythen und Formen männlichen Zusammenlebens prägen sich unter Männern aus. Was diese spezifische Schönheit des Mannes formt, sind die Gefährtenschaft, die Vertrautheit unter Clubkameraden, Berufsvereinigungen und zunfttypische Zerstreuungen. Die Jungen im Gymnasium bilden ihre eigenen Mythen und Gebräuche aus, ja sogar eine eigene Sprache, und sie bleiben diesem ihrem Stil so treu, dass keiner ihn, auch nicht für die schönste Frau, verriete. Genauso schaffen die Männer sich in der Armee ihre eigene Welt, der sie bisweilen völlig verfallen. Dann ist die Frau für sie nicht mehr einzige Quelle von Liebe und Schönheit: Ein Seemann empfindet die eigene Schönheit und Kraft ebenso dank der Lippen einer Frau wie dank seines Panzerkreuzers, seiner Lieder und seiner Uniform; dank all dessen, was »Marine« heißt.

Diese eigene maskuline Poesie hilft ihm sehr, dem erotischen Zauber von Evas Töchtern zu widerstehen, ihn zu überwinden und ihm seinen eigenen Zauber entgegenzustellen.

Wenn ein junger Südamerikaner in diese großen Kollektiveinrichtungen wie Heer oder Flotte eintritt, die eigene Traditionen und eigenen Stil besitzen, stellt er sich sehr gut auf ihre geistigen Anforderungen ein. Im Zivilleben dagegen ist die männliche Koexistenz flach und eher armselig. Man kann zum Beispiel merkwürdige Vergleiche anstellen zwischen den Milieus der jungen Literatur hier und in Europa. Südamerikas junge Künstler bleiben am liebsten allein, begegnen einander kaum und zeigen wenig Neigung zu »gegenseitiger Anregung«. In Europas Hauptstädten haben die Jungen ihr Café, ihre Bar, ihr Restaurant, wo sie sich ebenso sehr mit Getränken berauschen wie mit Scherzen, sprachlichen Extravaganzen oder ideologischen Zweikämpfen. Diese jungen Leute haben einen eigenen Stil und eine eigene Sprache, ganz wie die Gymnasiasten, und schon ehe sie als Schriftsteller »geformt« sind, genießen sie sehr diese von ihnen gemeinsam geschaffene Schönheit. Ein in einer solchen Schule geformter Mann trägt fürs ganze Leben ein Kapital an heiligem Irrsinn mit sich, das ihn gegen Melancholie, Zynismus und Langeweile schützt.

Warum geschieht in Südamerika nicht dasselbe? Warum deckt hier die Frau den Mann völlig zu, so sehr, dass sie ihn zu ihrem Sklaven gemacht hat?

Es fehlt ein »maskuliner Stil«

Es ist ein Teufelskreis. Der junge Südamerikaner unterhält kaum Beziehungen zu Kameraden, und wenn, dann oberflächliche, weil das, was er vor allem braucht, psychologisch wie physisch, die Frau ist. Mit diesem Hauptproblem beschäftigt hat er keine Lust, sich voll auf andere Lebenswirklichkeiten einzulassen. Alles andere ist sekundär; er glaubt – und in seinem Alter ist das ganz normal –, er vergeude Zeit, wenn er nicht einer *chica* nachsteigt. Aber das berufsständische Zusammenleben der Männer, weniger entwickelt als in Europa, ergibt sich nicht von selbst. Sodass er, im Geist mit der Frau beschäftigt, sich nicht mit anderen Männern befasst; und eben deshalb ist er der Unterlegene, wenn er einer Frau gegenübertritt, denn ihm fehlt dieser »maskuline Stil«, den Männer untereinander entwickeln. Er will sie weniger durch seine eigene Schönheit bezaubern als ihre Schönheit erobern. Er beherrscht nicht sie, sondern lässt sich von ihr beherrschen. Er braucht sie und muss sich daher anpassen; während der junge Europäer seiner Gefährtin energisch und bestimmt sagt: »Wir gehen ins Kino«, sagt der Südamerikaner: »Was hieltest du davon, Liebste, wenn wir ins Kino gingen?« Der Europäer versucht, das Mädchen zu erobern, indem er seine männliche Schönheit einsetzt, seinen Willen, seine Energie, seine Stärke. Der Argentinier versucht weit eher, ihre Wünsche zu erfüllen, ihr gefällig zu sein. Der Europäer hat nicht solche Angst, die Frau zu verlieren, weil sich die Poesie seines Daseins nicht ausschließlich auf sie reduziert; wenn der Argentinier seine *chica* verliert, ist er zur Einsamkeit verdammt und kann sich nur noch ins Café setzen und Witze austauschen mit Freunden, die nicht immer wahre Freunde sind. So sieht es aus …, jedenfalls mehr oder weniger, wenn wir uns darauf versteifen, Amerika mit schwarzen Farben zu malen und das alte, reifere Europa zu preisen. Man darf aber keinen Moment lang vergessen, dass all dies zwangsläufig nur ein Schema ist, ungerecht und übertrieben wie jedes Schema dieser Art. Europa ist sehr oft so roh, so platt, so fehlerhaft und so abscheulich, dass das junge, frische Amerika wirklich auf nichts neidisch zu sein braucht. Allerdings halten wir die Grundthesen dieser Notiz für gerechtfertigt: Der Argentinier pflegt seine Schönheit fast so wie die Frauen, das heißt, ein wenig weibisch; da er keinen wirklichen Umgang mit Männern hat, fehlt ihm bis zu einem gewissen Grad das, was man »maskulinen Stil« nennen könnte, und im Umgang mit Frauen kann er seine natürliche Männlichkeit nicht immer zum Vorschein bringen; schließlich ist er zwar zutiefst empfänglich für Schönheit und Zauber der Frau, hat es aber bisher nicht vermocht, seine eigene Schönheit zu erfassen.

7

Sie sind sehr gemein

Sie sind nett, wenn sie verliebt sind, aber wenn nicht, dann sind sie sehr gemein«, sagte mir eine *chica,* und eine andere: »Sie haben weder Mitleid noch Erbarmen mit uns, sind vollkommene Egoisten und suchen nur ihr Vergnügen.«

Diese Meinungen wirken leicht überzogen, und was sie am besten widerlegt, ist der Blick des Argentiniers. Es fällt schwer zu glauben, dass so ehrliche und so sanfte Augen einem Ungeheuer gehören; außerdem muss es für eine derartige Gemeinheit besondere Gründe geben. Wir wollen versuchen, einige davon zu definieren, aber zuallererst muss man einräumen, dass eine Naturgewalt die Angelegenheit noch mehr verwickelt. Es ist dies das große Temperament des Südamerikaners, seine exzessive Sinnlichkeit. Zwar leitet sich ein großer Teil dieses Sensualismus, wie bereits erwähnt, aus künstlicher Erregbarkeit und aus einer Obsession her, aber auch dann bleibt noch genug übrig, um sich die Ungnade der Frau zuzuziehen ... Und dagegen gibt es kein Mittel; außer vielleicht weniger Fleisch essen ...

Isolation und Einsamkeit

Was sind die weiteren Gründe für diese erotische Grausamkeit?

Zunächst einmal, wie bereits gesagt, Isolation und Einsamkeit.

Jede Frau weiß aus eigener Erfahrung, wie sanft und normal die Beziehungen zu einem Mann werden, wenn er sich vom »Unbekannten« zum »Bekannten« verwandelt. Wenn ein junger Mann in die Gesellschaft von Frauen kommt, betrachtet er sie im ersten Moment von fern, wie ein Raubtier, aber diese Wildheit verliert er völlig nach dem ersten Spaziergang oder Tanz. Welch ein Jammer, dass es in den Ländern Lateinamerikas so viele »Unbekannte« beiderlei Geschlechts gibt, und dass beide Seiten einander über den Abgrund der Sexualität hinweg aus solcher Ferne betrachten! Aber die Einsamkeit des Südamerikaners kommt ebenso sehr aus dem Mangel an psychischem Beisammensein mit anderen Männern, was diese Einsamkeit doppelt bitter macht. Der zweite Grund ist, dass die Argentinierin zweifellos zu sehr über den sexuellen Appetit des Mannes spekuliert. Männer fühlen sich sehr oft durch diesen Hunger gedemütigt, da er sie zu Sklaven der Frau macht, zu großer Energieverschwendung zwingt und sie in die Lage von Bettlern, wenn nicht gar von Konquistadoren bringt. Wenn die Frau bei der Demonstration ihrer Macht über die animalische Seite des Mannes nicht genügend diskret ist, wenn sie aus seinen Instinkten zu grausam und unmittelbar Nutzen ziehen will, zahlt er es ihr mit der gleichen Münze von Zynismus und Gemeinheit heim. Und das geschieht vor allem dann, wenn sie materiellen Nutzen sucht. Geld spielt in den erotischen Angelegenheiten eine äußerst seltsame Rolle, die verdiente, mit sehr viel größerem Ernst als bisher untersucht zu werden, von Psychologen wie von Moralisten. Einerseits erscheint das Geld als Todfeind der Erotik, andererseits entwickelt es sich in unseren Tagen zu einem kleinen Cupido, der die Liebe erleichtert und legalisiert.

Ein nettes Geschenk ...

Wie alle Männer macht der Argentinier sich nicht immer klar, dass das, was wir vulgär »dem Mann Geld aus der Tasche ziehen« nennen, für die Frau einen viel erotischeren Sinn hat, als man zunächst annimmt. Wenn es einem Mädchen aus dem Dorf gelingt, von ihrem Bewunderer ein nettes Geschenk zu erhalten, ist das für sie sowohl ein kleiner Triumph ihrer Weiblichkeit als auch der beste Beweis für die Stärke und Ehrlichkeit der ihr entgegengebrachten Gefühle. Aber vor allem dann, wenn noch keine spontaneren und direkteren Formen sexueller Koexistenz entwickelt wurden, dient das Geld – und alles, was damit beschafft werden kann – als Vorwand für das Näherkommen. Sehr oft ist es für eine Frau einfacher, sich von einem Unbekannten ins Kino einladen zu lassen, als mit ihm spazieren zu gehen. Wenn sie mit ihm ins Kino geht, heißt das, dass sie den Film mag, wogegen sie, wenn sie die Einladung zum Spaziergang annimmt, ganz deutlich zu verstehen gibt, dass ihr der Begleiter gefällt. Nun wäre es sehr oberflächlich anzunehmen, der Materialismus, den Mann und Frau in ihren gegenseitigen Beziehungen an den Tag legen, sei nichts als Materialismus. Auch die wahre Liebe besteht aus einem Handel: Der Mann »verkauft« der Frau seine Person und »kauft« im Gegenzug ihre Persönlichkeit. Aber ein solcher Personenhandel ist eine reichlich heikle Angelegenheit; für eine Liebeserklärung muss man die Worte sehr genau wählen, gewisse »Distanzen« überwinden, einen anderen Ton anschlagen, letzten Endes von einer Form der Koexistenz zu einer anderen übergehen.

Wenn die Personen diese Schwierigkeit nicht auflösen können und Angst haben, einander auf diese spontane Weise näherzukommen, geben sie dieser Annäherung einen anderen Sinn und suchen materielle, konkrete, wirtschaftliche oder zynische Gründe. Das hieße, hinter dem amerikanischen Materialismus verbergen sich weit eher Trägheit und Naivität hinsichtlich der Formen sowie Schüchternheit, Sensibilität, Stolz, und das wäre gar nicht so schlimm. Wirklich schlimm ist, dass weder der Mann noch die Frau sich über die wahren Gründe ihres Materialismus völlig im Klaren sind, sich abermals vom Schein trügen lassen und einander den schäbigsten Zynismus unterstellen. Und wenn sie – die Ärmste! – nicht weiß, was sie ihm sagen soll, und deshalb sagt: »Kaufst du mir einen Hut?«, dann wird er innerlich wüten, weil er überzeugt ist, dass man ihn *ausnutzen* will.

Die bittere Lüge

Im Allgemeinen wird der Mann »böse«, wenn die Frau ihn in eine schwierige oder künstliche Lage bringt: Wir haben schon gesehen, dass übertriebene Angst Rohheit auslöst; ebenso kann man sagen, dass die exzessive weibliche Ästhetik ihn zur Hässlichkeit anregt. Instinktiv spürt er die Lüge, die bittere Lüge dieser engelhaft reinen, lieblichen

Welt, die sie über ihn bringt, und dann sucht sein männlicher Realismus, sein Sinn für das Lächerliche Rache in vulgären Witzen und obszönen Wörtern. Je höher die Frau in den Himmel steigen will, desto mehr strebt der Mann nach der Erde. Und auch an dieser Reaktion ist nichts besonders schlimm; schlimm ist, dass der Mann sich vom eigenen Zynismus täuschen lässt; er durchschaut die Mechanismen nicht, die ihn dahin bringen, und beginnt so, wirklich an die eigene »Gemeinheit« zu glauben. Aber außerdem gibt es in ihm eine Kraft, die sich prinzipiell gegen jede moralische wie auch ästhetische Sublimierung sträubt. Warum sind die Frauen gläubiger, idealistischer, akzeptieren viel leichter die Moral der Kirche? Wenn ein junger Mann jene erhabenen Lehren buchstabengetreu befolgt, warum verspotten seine Freunde ihn dann und verhöhnen ihn als »Muttersöhnchen«? Die Moral stellt sich gegen das Leben oder zumindest gegen das exzessive Leben, und sie wollen lieber *leben* als moralisch sein; sie wollen auch lieber männlich sein als moralisch. Askese reizt sie nicht.

Er versteht die eigene Psychologie nicht

Wenn Moral, Idealismus, Sittsamkeit der männlichen Jugend akzeptabel werden sollen, müssten sie so dargeboten werden, dass sie kein Schock für die Männlichkeit wären. Es scheint, dass in Südamerika Moral, vor allem Sexualmoral, dem Mann zu direkt und theoretisch beigebracht wird. Die tiefschürfendste Predigt und der inspirierteste Vortrag können die Jungen (wie die Erwachsenen) nicht so sehr überzeugen wie dieselben Prinzipien, wenn sie in einem »maskulinen Ideal« verkörpert sind, einer maskulinen Tradition. Der Typ des *gentleman* und Traditionen wie militärische Ehre oder sportliche Fairness üben einen unvergleichlich viel stärkeren Einfluss aus, weil sie das Siegel der Männlichkeit tragen.

Nein, der Südamerikaner ist nicht von Natur aus gemein, zynisch, egoistisch, aber manchmal benimmt er sich gemein, weil ihn der sexuelle Stolz der Frau, ihre Kunstgriffe, ihre Übertreibungen rasend machen, oder weil er sich in der Interpretation der Absichten der Frau und ihrer komplizierten Psychologie irrt, oder weil er seine eigene Psychologie nicht durchschaut und seine Taten und Worte zu ernst nimmt, indem er sich einbildet, sie kämen aus seiner Natur, während sie ihm tatsächlich von äußeren Umständen diktiert werden und sehr oft einer mechanischen Reaktion gleichen. Wenn also der Argentinier gemein ist, liegt das in erster Linie daran, dass er an die eigene Gemeinheit glaubt ... und auch daran, dass für ihn Gemeinheit Männlichkeit bedeutet.

8

Die Reform der Erotik

Man muss nun die Frage stellen, wie könnte das konkrete Programm eines Gesellschaftsprozesses aussehen, der das südamerikanische Erotikdrama beenden soll? Was müssen sich die vornehmen, die alle katastrophalen Konsequenzen des augenblicklichen Zustands deutlich sehen?

Zuallererst ist eine freie und offene Diskussion zu fordern. Es stimmt nicht, dass es in Südamerika Redefreiheit gibt. Die schlimmste diktatorische Regierung könnte die öffentliche Diskussion nicht so sehr knebeln, wie falsche Scham und Konventionalismus es tun. Welchen Sinn haben verfassungsmäßige Rechte, wenn das offene Wort als schockierend empfunden wird; wenn die Herausgeber von Zeitungen und Zeitschriften angesichts jeglichen heiklen Themas vor Entsetzen schlottern, und wenn die wichtigsten Probleme nicht in der Presse erörtert werden können? Wir haben längst genug Notizen über *Madame de Pompadour* und andere Nichtigkeiten, die natürlich niemanden schockieren. Die Stimme der besten, bewusstesten und reifsten Kinder Amerikas muss Gehör erlangen, selbst wenn sie möglicherweise … einer Leserin missfällt und eine zweite im Namen ihrer allerheiligsten Vorurteile einen Protestbrief schreibt. Die »Elite« muss auf ihrem Recht beharren, die Seele des Volks zu bilden, nicht nur »für den Leser« zu schreiben, sondern ebenso »gegen den Leser«, wenn es nötig ist. Die so überaus provinzielle falsche Scham hat nichts mit Ernsthaftigkeit und Moral zu tun, und es bleibt unbegreiflich, wieso in Amerika nicht öffentlich die gleichen Fragen behandelt werden können, über die man privat mit aller Freimütigkeit spricht.

Es sind weder Konservative noch Progressive, die sich vor dieser Redefreiheit fürchten; sie gehören der großen universalen Partei der schlechten Schriftsteller und beschränkten, furchtsamen Menschen an, die leider alle Kreise der öffentlichen Meinung beherrschen. Für einen wirklichen Schriftsteller, und sei er auch katholischer als der Papst oder progressistischer als Wells persönlich, ist das Recht darauf, sich frei, loyal und ernsthaft auszudrücken, so notwendig wie die Atemluft.

Warum verwendet die katholische Presse in Europa eine kraftvolle Sprache und fürchtet sich vor keinem Problem, während die katholische Publizistik in Südamerika sich lähmen lässt von exzessivem Formalismus, von übertriebener Furcht vor Verstößen gegen den Anstand, von einer »Klugheit«, die letzten Endes der eigenen Sache schadet?

Der erste Schritt wäre also die *freie Diskussion.* Der zweite ist viel schwieriger und wichtiger: *Es muss das Klima für die erotische Erneuerung geschaffen werden.*

Die Evolution der Erotik

Solange der durchschnittliche Lateinamerikaner davon überzeugt ist, dass alles, was zurzeit zwischen ihm und der Frau geschieht, ganz natürlich sei und in Ewigkeit fortdauern werde, weil »das Leben nun mal so ist«, kann es keinen Wandel geben. Wenn aber eines Tages die Leute begriffen, dass *etwas sich zu bewegen beginnt,* dass es einen festen Willen zu Wandel und Erneuerung gibt, ginge dieser auch nur von einer zahlenmäßig kleinen Gruppe aus, würde diese ganze »Ewigkeit« sich sehr schnell auflösen. Es reicht aus, in Lateinamerika die Evolution der Erotik zu proklamieren, um die Veränderung der Gewohnheiten zu erreichen, und je spontaner diese Veränderung wird, desto besser. Das Leben kann man Völkern nicht durch Programme beibringen; man kann sie lediglich zur Verwandlung anregen und sie die neuen Gewohnheiten aus sich selbst heraus entwickeln lassen, gemäß dem, was der Volksinstinkt diktiert. War etwa der erotische Fortschritt Europas in den letzten Jahren das Ergebnis von Programmen und Theorien? Nichts dergleichen: Alles Theoretisch-Intellektuelle wie zum Beispiel die berühmte Frauenbewegung zugunsten absoluter Gleichheit mit dem Mann ging sehr bald in Lächerlichkeit unter. Aber genau diese Stürme im Wasserglas haben das Klima der Erneuerung geschaffen, zu Diskussion und Kritik angeregt, den modernen Europäer davon überzeugt, dass er sich die eigenen Gewohnheiten selbst erschaffen muss, wie seine Ahnen es mit den ihren taten. Der Kult der Tradition ist etwas Großartiges, aber wer die Ahnen lediglich nachäfft, imitiert sie schlecht; denn dann ist er identisch mit ihnen in jeder Hinsicht außer darin, dass ihm das Schöpferische fehlt, das sie besaßen.

Niemals lau!

In Lateinamerika hat es nichts mit dieser großen Schlacht Vergleichbares gegeben, die sich Junge und Alte in Europa lieferten und aus der die Jugend siegreich hervorging. Hier sind die Jungen viel zu still, lehnen sich nicht genügend auf, und man muss ihnen streng ins Gewissen rufen, dass sie die heiligste Pflicht der Jugend vernachlässigen. Man muss ihnen klarmachen, dass das lateinamerikanische Wohlergehen sehr unvollkommen ist, und dass weder Kühlschränke noch Badewannen den Verlust an Lebensschönheit kompensieren können, dass Billard kein Ersatz für Leidenschaft ist. Man muss der Jugend beibringen, dass sie nicht glücklich genug ist, damit sie neue Wege zum Glück sucht. Die Eltern, die sich der *guten Erziehung* ihrer Kinder rühmen, sind sehr oberflächlich. »Ach dass du kalt oder heiß wärest! Weil du aber lau bist …, werde ich dich ausspeien aus meinem Munde!« So steht es in der Offenbarung, und wenn sich eines Tages diese *laue, wohlerzogene* Jugend mit den jungen Leuten anderer Kontinente messen müsste, die heiß sind wie das Feuer oder kalt wie der Stahl, würde sich zeigen, dass ein Übermaß an Klugheit, Ruhe und guter Erziehung nicht immer der beste Pädagoge ist.

Der dritte Schritt wäre, mit allen möglichen Mitteln Annäherung und gegenseitiges Verständnis zwischen beiden Geschlechtern zu fördern.

Wir haben schon erwähnt, wie dringend es nötig ist, diese furchtbare Einsamkeit zu beenden, die vor allem das Los der Arbeiterklasse in den großen Städten ist. Wenn ein armer Junge sein Heimatdorf verlässt, um nach Buenos Aires zu gehen, sind seine glücklichen Tage zu Ende, und nicht selten sieht er von diesem Moment an viele Jahre lang Frauen nur noch aus der Ferne. Aber nirgendwo in Südamerika und in keiner sozialen Schicht ist dieses im Grunde rein technische Problem gut gelöst. Die Mädchen aus den Häusern holen! Der Jugend mehr Gelegenheiten zum Zusammenkommen geben! Das ist der Boden für eine gemeinsame Anstrengung, für eine Intervention des Staats, der Gesellschaften und Gremien, zugunsten einer vernünftigen und gesunden Politik der Erotik. Wenn dieses Näherkommen nicht ermöglicht wird, werden sexuelle Rohheit, bittere Einsamkeit und Tristesse der lateinamerikanischen Jugend niemals enden.

Psychologisches Kennenlernen

Nicht weniger wichtig ist es, ein besseres psychologisches Kennenlernen zwischen den beiden Geschlechtern zu fördern. Warum führt man in den Gymnasien nicht Kurse in weiblicher Psychologie für die Jungen und in männlicher Psychologie für die Mädchen ein, statt tausend vollkommen unnütze Dinge zu lehren? Die Jugend muss genauso den hygienischen und physiologischen Aspekt dieser Dinge kennenlernen wie den psychologischen, und wir haben ja bereits gesehen, aus wie

vielen Nativitäten das südamerikanische Erotikdrama besteht. Tausende Broschüren, Vorträge,
Anmerkungen und Bücher sind nötig, um hier den
psychischen Abgrund zwischen dem Mann und
seiner Gefährtin aufzufüllen. Und wenn dies in so
vielen Ländern Europas getan wurde, warum soll
es dann in Amerika unmöglich sein?

Schließlich ist es notwendig, die geistige Koexistenz unter Männern zu fördern, den Mann gegenüber der Frau zu stärken, jenen männlichen Geist
auszubilden, der über den Geist der Frau hinausgeht und sie beherrscht. »Irgendwer« muss mit
der erotischen Erneuerung in Südamerika anfangen, und dieser Jemand muss der Mann sein.

Der Südamerikaner darf sich nicht mehr seiner
Frau und ihren vielfältigen Masken anpassen, sondern muss sie neu erschaffen, gemäß den wahren
spirituellen Bedürfnissen, damit die so erneuerte
Frau ihrerseits dann ihn schaffe und erneuere.

Olaf Kühl

»Dieses Auseinanderfallen in Mann und Frau …«

Die hier versammelten Texte sind in mehrfacher Hinsicht Übersetzungen. Witold Gombrowicz hat sie auf Französisch geschrieben, der mit ihm befreundete Schriftsteller Roger Pla hat sie ins argentinische Spanisch übersetzt und später auch Gombrowiczs spanische Versionen redigiert. »Gombrowicz machte vor allem syntaktische und grammatische Fehler«, erinnert sich Roger Pla.[1] Jetzt in der deutschen Übersetzung kann man sich gelegentlich des Eindrucks nicht erwehren, dass das, was Gombrowicz sagen wollte, durch so etwas wie einen »Stille-Post-Effekt« verfremdet worden ist.

Die Frage ist nur: Was wollte er sagen? Hier erreichen wir die nächste Stufe der Übersetzung. Denn was man sagen wolle und könne, so Gombrowicz, hänge immer auch mit dem vorgestellten oder realen Gesprächspartner zusammen. Das berührt ein zentrales Themen seiner Philosophie: die Frage der Form. Der Mensch sei immer anders, je nachdem mit wem er kommuniziert – diese These äußert Gombrowicz zuerst in seinem Roman *Ferdydurke* und dann in Variationen bis an sein Lebensende. Das Bild, das der Andere sich von dir macht, formt dich. Mehr noch, es beengt und fesselt dich. Dieser Andere kann dir – um in Gombrowiczs berühmten Begriffen zu reden – eine »Fresse« anhängen, dich also verfälschen oder ordinär vereinfachen, er kann dir auch einen »Popo« machen, dich also banalisieren.

Der Andere wirkt auch dann, wenn er physisch nicht präsent ist. Seine Instanz ist internalisiert. Deshalb fühlt sich Gombrowicz sogar am Strand der urlaubsverlassenen Stadt Mar del Plata zur Originalität gezwungen: »Was liegt daran, dass die Stadt menschenleer ist? Eine unechte Abwesenheit ist das, sie sind in mir und hinter mir her, sind mein Schweif und mein Federbusch, und ihr Schrei geht: Sei außergewöhnlich, sei neu, denk dir etwas aus, empfinde Unbekanntes!«[2]

Bei einer derart vibrierenden Sensibilität für den Zuhörer wird die eigene Stimme erst recht verbogen, ja verfälscht sein, wenn der Autor – wie hier – für eine argentinische Zeitschrift schreibt, von der er weiß, dass sie sich einer vorwiegend weiblichen

Leserschaft erfreut und sich bevorzugt Themen des Lebensstils und der Gesundheit (Schwangerschaft, Ernährung, Krampfadern, Haarpflege und Ähnliches) widmet. Schon im ersten Beitrag verschanzt Gombrowicz sich hinter einer Fake-Identität und gibt vor, er wäre Jahre, ja Jahrzehnte nicht in Argentinien gewesen. Deshalb könne er die Veränderungen überdeutlich wahrnehmen. Das klingt spannender und zugleich überzeugender, als würde er zugeben, dass er überhaupt erst vier Jahre im Land ist und sich dennoch anmaßt, das erotische Leben der Argentinier zu beurteilen.

Mit dem Thema als rhetorischem Gegenstand ist er vertraut – allerdings in umgekehrter Sicht, von Argentinien nach Europa. Arturo Capdevila, Literat und Redakteur der Tageszeitung *La Prensa*, und seine Frau hatten Gombrowicz an ihre 20-jährige Tochter Chinchina und ihre Freundinnen »weitergereicht«. Im Kreise junger Mädchen dozierte er über die »europäische Liebe«: »Und stellt euch Gombrowicz 1940 vor, in jenem Jahr des Todes, leicht flirtend mit diesen Mädchen – die mir die Museen zeigten – mit denen ich Kuchen essen ging – denen ich kurzweilige Vorträge über die europäische Liebe hielt … Der große Tisch im Esszimmer der Capdevilas, am Tisch zwölf junge Damen, und ich spreche über *l'amour européen* – welch eine Idylle!«[3]

Die Beziehung zu den Capdevilas war typisch für Gombrowiczs Verhältnis zu den Größen der literarischen Welt Argentiniens. Mancher Kontakt wird ihm vermittelt, doch Gombrowicz versteht sich nicht auf das Theater der feinen Gesellschaft, auf Komplimente und Verstellung, er verdirbt es sich mit vielen. Das gilt auch für die reiche und einflussreiche Erbin Victoria Ocampo, Herausgeberin der Zeitschrift *Sur*. Die Dame schreibt sogar auf Französisch, denn für die meisten Argentinier ist Frankreich das erklärte kulturelle Vorbild. Ähnlich wie Gombrowicz im *Drama mit unserer Erotik* und doch ganz anders ging sie der Frage nach, was das »Argentinische« ausmache. Wie selbstverständlich setzte sie voraus, dass die Argentinier durch starke Bande mit Europa verbunden seien. Gombrowicz konnte sich aber weder für den Nationalismus noch für die Gaucho-Folklore begeistern, für ihn war der Argentinier schön gerade dann, wenn er sich weder in die eigene Folklore zurücksinken ließ noch das Europäische imitierte. Deshalb konnte Ocampo, die ihm eine Verdienstmöglichkeit durch Vorträge zuschanzen wollte, nichts mit den von ihm vorgeschlagenen Themen anfangen.

Zwanzig Jahre später, als DAAD-Stipendiat in Berlin, wird sich die Situation wiederholen: Gombrowicz zeigt wenig Interesse an den Größen des Berliner Kulturbetriebs. Autoren wie Günter Grass und Uwe Johnson streift er im Small Talk, zu tieferen Gesprächen kommt es nicht. Stattdessen macht sich Gombrowicz, hier wie dort, auf die Suche nach jüngeren Freunden und Partnern. In Argentinien zitiert er in jeder neuen Stadt zunächst die literarisch interessierte Jugend an seinen Kaffeehaus-Tisch.

Die Armut der ersten acht Jahre in Argentinien war für Gombrowicz existenzielle Bewährungsprobe und Befreiung zugleich. 1939 war er auf der Jungfernfahrt des polnischen Transatlantik-Dampfers Chrobry in Buenos Aires gelandet und vom Kriegsausbruch überrascht worden. Statt sich bei der polnischen Botschaft zum Wehrdienst zu melden, blieb er in Argentinien. Der in polnischen Literaturkreisen bekannte Sprössling einer begüterten aristokratischen Familie war in Argentinien ein Unbekannter. Regelmäßig stritt er im Café darum, wer den Kaffee bezahlen sollte, schlief wochenlang irgendwo auf dem Fußboden, ging sogar zu Trauerfeiern ihm Unbekannter, um von der Tafel etwas abzustauben. Die »Dunkelheit«, in die er hier eintrat, ermunterte ihn aber auch dazu, alle früheren gesellschaftlichen Hemmungen abzulegen. Bald schon ging er auf die Jagd nach jungen Rekruten im Hafenviertel Retiro von Buenos Aires. Das sogenannte »intime Tagebuch«

Kronos reißt in dieser Beziehung den Schleier von allen Andeutungen und philosophisch verklärten Hymnen auf die »Jugend«, an denen das literarische Tagebuch reich ist.

Im *Drama* lassen sich Schemen, Schatten dieser Leidenschaft erkennen. Wenn Gombrowicz von männlicher Gemeinschaft spricht, setzt er jedes Mal gezielt das Adjektiv »psychisch« oder »geistig« voran, um bei der weiblichen Leserschaft von *Viva cien años* keinen Argwohn zu wecken. Er spricht von »maskuliner Poesie« und versucht dann doch, etwas von seiner wahren Begierde in diese Gebrauchstexte einzuschmuggeln, nur klingt es schrecklich verschwurbelt: »Genauso schaffen die Männer sich in der Armee ihre eigene Welt, der sie bisweilen völlig verfallen. Dann ist die Frau für sie nicht mehr einzige Quelle von Liebe und Schönheit: Ein Seemann empfindet die eigene Schönheit und Kraft ebenso dank der Lippen einer Frau wie dank seines Panzerkreuzers.« (S. 55)

Wie viel poetischer, wie viel echter beschreibt er die »maskuline Poesie« im literarischen Tagebuch! Als »biologischen« Adel, als »Blüte der Menschheit« besingt er dort die jungen Männer im wehrpflichtigen Alter. So einer »war fast immer schrecklich hungrig – durch die Restaurantfenster beobachtete er die Älteren, die sich satt essen und amüsieren konnten – getrieben im Dunkeln von unbefriedigten Instinkten, gequält von hungernder Schönheit – eine zertretene, verstoßene Blüte, eine gedemütigte Blüte«[4].

1944, als Gombrowicz das *Drama* schrieb, tobte in Europa der Zweite Weltkrieg. Gombrowiczs Bruder und sein Neffe befanden sich im Konzentrationslager, Mutter und Schwester waren aus dem zerstörten Warschau geflohen. Am 1. August sollte in der polnischen Hauptstadt der Aufstand ausbrechen, den die Deutschen blutig niederschlugen, ehe sie Warschau dem Erdboden gleichmachten. Gombrowicz erholte sich derweil in La Falda, einem Kurort in den Bergen von Córdoba. Leon Fürstemberg und Paulino Frydman, argentinische Freunde, hatten ihm wegen ständig erhöhter Temperatur einen Reha-Aufenthalt finanziert. Später im *Tagebuch* wird er zugeben, dass er die mehrmonatige Reise der Tatsache verdankte, dass Frydmans Thermometer defekt war und »einige Striche zu viel anzeigte«[5].

In den Bergen versucht sich Gombrowicz zum ersten Mal an der diaristischen Form. Das *Tagebuch von Río Ceballos* erschien auf Spanisch in der Zeitschrift *Océano* (deutsch in *Akzente*, Heft 3 / Juni 2004). Noch nicht viel lässt Gombrowicz darin von seinem eigenen Ich durchscheinen. Der Text ähnelt mehr den frühen Prosa-Stücken wie *Toska*, bei denen sich die Handlung primär aus der sprachlichen Struktur ergibt. Inhaltlich führt er schon sehr nah an das *Drama* heran. Als Hotelgast notiert Gombrowicz hier quasi ethnographische Beobachtungen, die auch das Verhältnis zwischen Mann und Frau betreffen: »Die Herren traten an die engelschönen Damen heran und entfernten sich wieder, wenn sie getanzt hatten. Nie habe ich einen so vollendet korrekten Ball gesehen. Niemand trank zu viel, niemand sagte ein grobes Wort oder erlaubte sich einen frechen Blick. Dazu war allen ziemlich langweilig, und eine Art übermäßiger Schüchternheit lastete auf der Fröhlichkeit dieser Kinder Amerikas.«[6]

In La Falda wird Gombrowicz erste Spuren seines Alters im Spiegel entdecken. Ein »Netz von Fältchen« erschreckt ihn. Er glaubt, für immer aus dem Spiel mit der Jugend herausgefallen zu sein. Am 4. August 1944 sollte er vierzig werden. Seine jugendliche Erscheinung hatte ihn bislang einerseits attraktiv gemacht für die »banalen Jungen«, für die er sich interessierte, andererseits aber suspekt in den etablierten Kreisen, die ihm bei seiner literarischen Karriere hätten behilflich sein können.

Aus dem Schock dieser plötzlichen Entdeckung rettet ihn die Affäre mit einer Frau, deren Identität die Biographen nicht völlig aufklären konnten. Sie war eine argentinische Schauspielerin oder Tänzerin, die in dem nahe gelegenen Ort Valle Hermoso wohnte. Auf dem Weg dorthin überschreitet er die Grenze zwischen dem Altern und der Jugend und Blüte – eine Linie, die er nach Joseph Conrad als »Schattenlinie« bezeichnet.[7] Das Verhältnis mit dieser Frau erlöst ihn von dem bedrückenden Gefühl, als Vierzigjähriger auf dem absteigenden Ast zu sein. »Das Geschlecht [...] dieses Auseinanderfallen in Mann und Frau« sei geradezu eine »Befreiung«, ruft er aus. Denn die Frau erwarte nichts als männliche Kraft und Eroberung von ihm: »[...] es war wie das Eindringen einer anderen, neuen Kraft, die meine ganze ›Konstellation‹ auf den Kopf stellte. Einer fremden Kraft! Jugend erwartete mich dort, aber eine andere, in Menschengestalt zwar, aber einer anderen als meiner – und diese Arme, die identisch und exotisch zugleich waren, machten mich sofort zu jemand anderem, sie zwangen mich, in diesen Umarmungen der Fremdheit als ihre Ergänzung gerecht zu werden. Nicht Jugendlichkeit forderte das Weibliche von mir, sondern Männlichkeit, und ich wurde ganz Mann, erobernd, besitzergreifend, fremde Biologie annektierend. Das Monströse der Männlichkeit, die, ohne der eigenen Hässlichkeit zu achten und ohne gefallen zu wollen, ein Akt von Expansion und Gewalt und – vor allem – Herrschaft ist, diese Herrenart, die nur auf die eigene Befriedigung aus ist …«[8]

In diesem Ausbruch, niedergeschrieben zehn Jahre nach dem im Jahre 1944 Erlebten, begegnen einem manche – heute gewiss irritierende – Thesen des *Dramas*, etwa die, dass der Mann gegenüber der Frau »jenen männlichen Geist ausbilden« müsse, »der über den Geist der Frau hinausgeht und sie beherrscht« (S. 75). Auch der argentinische Journalist und Erzähler Roberto Arlt befasste sich damals mit diesem Thema. In seinen *Aguafuertes porteñas* in der Tageszeitung *El Mundo*, die vor allem von Werktätigen gelesen wurde, gab er die Schuld am misslichen Geschlechterverhältnis vor allem den Frauen, weil sie den Mann zur Ehe zwingen wollen.[9] Gombrowicz ist in dieser Hinsicht moderner. Er macht das falsche Bild verantwortlich, das Mann und Frau jeweils voneinander haben. Angesichts ihrer erotischen Misere müssten beide Parteien sich gegenseitig neu »formen«.

Wohl auch aus Rücksicht auf seine überwiegend weibliche Leserschaft zeigt sich Gombrowicz in diesen Texten sehr viel weniger misogyn als später im *Tagebuch*. Zwar wirft er auch hier den Frauen schon ihr artifizielles Bild von der eigenen Schönheit vor: »Sie wollen Blumen sein.« (S. 25) 1954 wird er im *Tagebuch* aber sehr viel deutlicher: »Sie wünscht, dass wir ihre hässlichen Seiten vergessen. Sie will uns einreden, sie wäre keine Frau, d. h. Fleisch, das wie alles Fleisch niemals nur schön sein kann.«[10] Dort wiederum, wo Gombrowicz die Schönheit der argentinischen Frau zu beschreiben versucht, klappert es bisweilen anatomisch wie in einem Obduktionsbefund: »Welche Augen haben wir hier in Südamerika, welche Zähne, welche Körper und welche Gesichter!« (S. 26)

Aus Gombrowiczs eigener, lebenslanger sexueller Freizügigkeit erklären sich seine Skepsis gegenüber dem Begriff der »Liebe« und die Bedeutung, die er der »Erotik« zumaß. Diese pulsiert bekanntlich potenziell zwischen allen Männern und Frauen, nicht nur zwischen zwei Menschen. Der von Gombrowicz hochgeschätzte Nobelpreisträger Czesław Miłosz hat dies beim Anblick einer Menschenmenge in Paris einmal so formuliert: »[…] der einzelne Gegenstand der Begierde ist austauschbar, man empfindet das Gefühl der Gemeinschaft, der Identität aller Frauen und Männer, das in der Monogamie keine Befreiung findet.«[11]

Das Drama mit unserer Erotik vor der Folie des später verfassten literarischen Tagebuchs – und umgekehrt – zu lesen, verleiht den beiden Texten zusätzliche Tiefe und lässt versteckte Botschaften aufleuchten. Unverkennbar ist es Witold Gombrowicz, der hier spricht. Doch seine Stimme ist im *Drama* verfremdet durch die Mühen im Umgang mit der neuen Sprache. Der spürbare Respekt vor den Leserinnen, mit denen er es sich nicht verderben will, hemmt ihn zusätzlich. Schließlich schrieb er die Artikel vor allem, um ein bisschen Geld zu verdienen. Ohnehin ist es ja eine Illusion, irgendwo den ganz authentischen Gombrowicz entdecken zu wollen. Auch der faszinierende geistige Tänzer des *Tagebuchs* ist eine einzige großartige Selbststilisierung. Wie herb war die Enttäuschung der Gombrowicz-Fans, als sich ausgerechnet im sogenannten »intimen Tagebuch« unter dem Titel *Kronos*, von dem man absolute Authentizität erwartete, ein ganz unbeflügelter, weniger vom Sein als vielmehr vom Haben dominierter Blick auf das eigene Leben zeigte: Litaneien von Geldbeträgen, allen möglichen Krankheiten und den Namen flüchtiger Liebhaber. Dort heißt es im Jahr 1945: »Ich bemühe mich um die Veröffentlichung von *El drama erótico sudamericano* – erfolglos. Ricardo Vilela will es kaufen. Die Freundschaft mit Vilela erlischt.«[12] Die Witwe Rita Gombrowicz hatte *Kronos* jahrelang unter Verschluss gehalten. Gombrowiczs literarischer Bedeutung hat es nichts hinzugefügt.

Gombrowicz als verspielter Narr, als Provokateur und als couragiert Leidender – irgendwo im Koordinatensystem dieser Rollen dürfte auch *Das Drama mit unserer Erotik* zu verorten und zu lesen sein.

1 Rita Gombrowicz, *Gombrowicz w Argentynie. Świadectwa i dokumenty 1939–1963*. Ossolineum, Wrocław 1991, S. 29.

2 Witold Gombrowicz, *Tagebuch 1953–1969*. Aus dem Polnischen von Olaf Kühl. Kampa, Zürich 2022, S. 218.

3 Ebd., S. 237.

4 Ebd., S. 261.

5 Ebd., S. 248.

6 *Akzente*, München 2004, S. 216.

7 W. Gombrowicz, *Tagebuch*, S. 249.

8 Ebd., S. 250.

9 Klementyna Suchanow. *Gombrowicz. Ja, geniusz* [Biographie]. Bd. 1, Wołowiec, Czarne 2017, S. 476–477.

10 W. Gombrowicz, *Tagebuch*, S. 213.

11 Czesław Miłosz, *Verführtes Denken*. Aus dem Polnischen von Alfred Loepfe. Kiepenheuer & Witsch, Köln 1953, S. 180.

12 W. Gombrowicz, *Kronos*. Aus dem Polnischen von Olaf Kühl. Carl Hanser, München 2015, S. 76. Eine Neuausgabe ist im Kampa Verlag in Vorbereitung.

Nachweis

Die Texte des *Dramas mit unserer Erotik* erschienen erstmals unter dem Pseudonym Jorge Alejandro in der Zeitschrift *Viva cien años*. Die folgenden Angaben sind Klementyna Suchanows Gombrowicz-Biographie entnommen (Bd. 1, S. 559).

»Mujeres solas que caminan de prisa« [»Frauen, die allein durch die Straßen eilen«], 18. 10. 1944, Nr. 2, S. 114–116 u. 149;

»¿Será acaso necesario crear un ministerio de asuntos eróticos?« [»Sollten wir vielleicht ein Ministerium für Erotische Angelegenheiten einrichten«], 18. 10. 1944. Das von Rita Gombrowicz angegebene Datum dürfte falsch sein, weil in dieser Ausgabe von *Vivia cien años* kein Text mit diesem Titel enthalten ist, laut Klementyna Suchanow auch in keiner anderen Ausgabe);

»Ellas quieren ser flores« [»Sie wollen Blumen sein«], 1.11.1944, Nr. 3, S. 172–175;

»Vida para las mujeres« [»Den Frauen das Leben!«], 15.11.1944, Nr. 4, S. 246–249;

»La decencia femenina« [»Der weibliche Anstand«], 6.12.1944, Nr. 5, S. 336–339;

»El hombre sudamericano y su ideal de belleza« [»Der südamerikanische Mann und sein Schönheitsideal«], 3.1.1945, Nr. 7, S. 462–464;

»Ellos son muy malos« [»Sie sind sehr gemein«], 7.1.1945, Nr. 9, S. 597–598;

»La reforma erótica« [»Die Reform der Erotik«], 21.2.1945, Nr. 10, S. 653–655.

Witold Gombrowicz

Witold Gombrowicz wird 1904 als Sohn kleiner Landadliger im polnischen Małoszyce geboren. Er studiert Jura in Warschau, allerdings trifft man ihn selten im Hörsaal an, und wird 1928 Rechtsreferendar: »Ich konnte nicht zwischen Richter und Mörder unterscheiden und schüttelte den Mördern die Hand.« Insgeheim arbeitet er an seiner literarischen Karriere. 1938 erscheint *Ferdydurke*, eine Sensation und ein Skandal. 1939 wird Gombrowicz zur Jungfernfahrt eines Transatlantikliners eingeladen. Als das Schiff in Buenos Aires ankommt, ist der Zweite Weltkrieg ausgebrochen – aus einem Aufenthalt von ein paar Tagen werden 24 Jahre. Gombrowicz verdient seinen Lebensunterhalt mit Zeitungsartikeln und als Sekretär bei der Banco Polaco. 1957 setzt in Polen Tauwetter ein: Nun erscheinen seine Werke, bislang in einem polnischen Verlag in Paris veröffentlicht, auch in seiner Heimat, wo sie jahrzehntelang verboten waren. Gombrowiczs Rückkehr nach Europa beginnt 1963 als Stipendiat in Berlin, wo er sich mit Ingeborg Bachmann anfreundet und über Günter Grass' Smoking lästert. 1964 lässt er sich im südfranzösischen Vence nieder. Am 24. Juli 1969 stirbt der Visionär, Fabulierer, Grenzgänger, Seiltänzer, Provokateur und Kosmo-Pole, dessen Person und Werk leidenschaftliche Begeisterung oder Irritation auslösen, friedlich im Schlaf.

WITOLD GOMBROWICZ

Die Edition im Kampa Verlag

»Man kann Gombrowicz nicht beschreiben, mit Artikelchen
erfassen, mit Essaylein aktualisieren, präsentieren, stolatisieren.
Nur lesen: *Ferdydurke, Pornographie, Tagebuch.*
Komm, Leserchen, put, put, put.«
Richard Kämmerlings / Frankfurter Allgemeine Zeitung

Tagebuch

Aus dem Polnischen von Olaf Kühl

»Wenn jemals ein Leben nach einem Tagebuch verlangte, dann dieses.«
The Washington Post

Pornographie

Roman
Aus dem Polnischen von Renate Schmidgall

»Ein wahres intellektuelles und literarisches Vergnügen.«
Marta Kijowska / Neue Zürcher Zeitung

Ferdydurke

Roman
Aus dem Polnischen von Rolf Fieguth
Mit einem Vorwort von Susan Sontag

»Extravagant, brillant, verstörend, mutig, witzig, wunderbar …
Lang lebe sein sublimer Spott.«
Susan Sontag

Durch die Philosophie in 6 Stunden und 15 Minuten

Aus dem Französischen von Jutta Baden
Mit einem Vorwort von Francesco Matteo Cataluccio

Das Drama mit unserer Erotik

Aus dem Spanischen von Gisbert Haefs
Mit einem Nachwort von Olaf Kühl